JOSÉ PEDRO

SANTOS DE COPAS

ESCANDALOSAMENTE LIBRES

freshbook

freshbook es un sello editorial de CREO, S.L.
Revisión de estilo: Marta Moreno Candel

www.freshbook.es

Primera edición: Septiembre 2016
Segunda edición: Noviembre 2016
Tercera edición: Diciembre 2016
Cuarta edición: Octubre 2017
Quinta edición: Diciembre 2017
Sexta edición: Mayo 2018
Séptima edición: Noviembre 2020

Impreso en Madrid (España)

ISBN: 978-84-945751-2-9
Depósito legal: M-31870-2016

Anda, come tu pan con alegría
y bebe contento tu vino,
porque Dios ya ha aceptado tus obras;
lleva siempre vestidos blancos
y no falte el perfume en tu cabeza,
disfruta la vida con la mujer que amas,
todo lo que te dure esa vida fugaz,
todos esos años fugaces que te han concedido bajo el sol;
que esa es tu suerte mientras vives y te fatigas bajo el sol.
Todo lo que esté a tu alcance hazlo con empeño,
porque no se trabaja ni se planea,
no hay conocimiento ni sabiduría
en el Abismo adonde te encaminas.

Eclesiastés 9, 7-10

Ya es hora de despertaros del sueño...
La noche avanza, el día se echa encima:
dejemos las actividades de las tinieblas,
y… **PERTRECHÉMONOS CON LAS ARMAS DE LA LUZ.**

Carta de san Pablo a los Romanos 13, 12

La intención de estas páginas es proporcionar una ayuda para profundizar en su Vida nueva a tantos jóvenes que tienen curiosidad o deseo de saber más sobre qué es eso de ser cristiano.

He pensado mucho al escribir este libro en tantos grupos llenos de entusiasmo, fe y alegría en torno a los retiros Effetá, o a las cenas Alpha, en torno a parroquias, o grupos nacidos a raíz de un voluntariado o por haber participado en la JMJ, en torno a una capellanía universitaria, y en los grupos Hakuna…

¡Ojalá lo haya conseguido!

Sabemos que el amor del Padre por nosotros no tiene límite.
Sabemos que Cristo es el más bello de los hombres.
Sabemos que el Espíritu es Vida actual que como un huracán actúa sobre nuestro mundo en cuanto alguien cree en Él y le deja.

Y todos gritamos juntos con Cristo: ¡que no se pierda ninguno!

El mundo necesita jóvenes santos…
santos en bermudas y chanclas;
santos en escenarios de música;
santos muy normales; santos con gusto;
santos con piercing; santos disfrutones;
santos soñadores;
santos comprometidos con los marginados;
santos que aman a sus perros;
santos exigiendo en la calle libertad; santos divertidos;
santos con ternura; santos de Erasmus; santas en bikini;
santos de fiesta; santos que se ríen de los estereotipos;
santos de estudio; santos con tatuajes;
santos con miles de seguidores en Facebook;
santos en las canchas; santas presumidas;
santos muy contentos de vivir;
... santos de copas.

manglano

Con *santos de copas* queremos referirnos
al cristiano por el que el mundo clama:
cristianos que no llevan cruces vistas colgando
del cuello, pero que aman sirviendo hasta
que duele; que no llevan el Evangelio en la boca,
sino inyectado en vena; que no menosprecian
las diversiones y placeres del mundo, sino que
son los que más los disfrutan; que no juzgan
a los equivocados, sino que se arrodillan
a sus pies para aliviarles y sanar sus heridas;
que no llevan cara de sufrimiento, sino que
se muestran escandalosamente alegres;
que no buscan a Dios en las sacristías y acciones
evangelizadoras, sino que lo buscan y transmiten
en su puesto de trabajo y en las fiestas,
con una copa en la mano.
Dios —el Padre, Cristo y el Espíritu—es alguien
que ocupa el centro de sus vidas.
No gastan su tiempo ni su dinero en *montárselo*
tranquilos mientras no hagan daño a nadie:
se gastan en implantar el Reino en nuestro planeta,
en servir al Espíritu para que haga nuevas todas
las cosas,en arrancar al mundo de la muerte,
en vivificar su entorno con un amor sin límites,
en transfigurar todo lo terreno llevándolo
a su plenitud.

1 ¡EFFETÁ!... Y PON LOS ODRES NUEVOS, ¡POR FAVOR!

Siempre he dicho, medio en broma, que si tuviese que escoger un lema para mi trabajo sacerdotal —como lo hacen los obispos para su escudo episcopal— yo ya lo tendría claro. Diría algo así como «sé feliz en la tierra si quieres serlo en el cielo». Sí. Hemos sido creados para ser felices, y quienes conocemos a Jesús de Nazaret y lo que Él nos ha desvelado, debemos ser los que mejor lo pasamos en este mundo:

> ! Lo pasamos bien con lo que hacemos,
> disfrutamos con todo,
> amamos cada día de la semana,
> gozamos con cada criatura,
> festejamos el encuentro con cada persona.

Quien desconozca «la sustancia» del ser cristiano, seguramente pensará que esto es una declaración presuntuosa, un alegato al optimismo, o un discurso de emocionado para imberbes que no han tocado la crueldad de la vida. No le resultará un planteamiento realista. Para él, el realismo exige ver que la vida es dura y larga.

Los cristianos no negamos que sea dura y larga —aunque la encontramos apasionante—, pero sí negamos que los que así piensan sean más realistas que nosotros. Todo es cuestión de cuánta realidad maneja cada uno.

Ciudadanos del cielo

Cristo afirma: «Yo no soy de este mundo» y dirigiéndose a nosotros nos aclara que no somos de este mundo; nos pide que estemos en el mundo, pero que no seamos mundanos[1]: «Si fuerais del mundo, el mundo os amaría; pero porque no sois del mundo, pues yo os elegí del mundo, por eso el mundo os aborrece».

---

[1] Juan 15, 19.

En cierto sentido podemos afirmar: no somos ciudadanos de la tierra, somos «forasteros en país extraño»[2].

Cuando Jesús pide a los apóstoles que vayan al mundo entero y anuncien el Evangelio, no les dice que den clases explicando una doctrina, sino que les pide que vayan y bauticen. Y es que ser cristiano no es cuestión de ideologías, sino consecuencia de un acontecimiento, de un hecho por el cual uno es trasplantado en Cristo, es introducido misteriosamente en la Vida de Dios. Este hecho da una nueva identidad al cristiano, que es insertado en la vida del Dios Trino, y es convertido —¡gratuitamente, pues fue creado para esto!— en:

> amado del Padre,
> yo del Hijo,
> carne del Espíritu.

Esta es nuestra identidad más íntima: somos ciudadanos del cielo.

Por lo tanto, *no* somos de la tierra y *sí* somos del cielo. O mejor, estamos en la tierra y somos del cielo. Pero nos explica Cristo que el Reino ya está aquí entre nosotros, dentro de nosotros. Por lo tanto, quizá una expresión para entendernos a nosotros mismos podría decir así:

> Ciudadanos del cielo
> instalados provisionalmente en la tierra,
> durante un tiempo en el que el Espíritu de Dios
> transforma progresivamente el mundo en cielo,
> sirviéndose de nuestro libre amor.

Los cristianos somos *amados* y *amantes*: amantes de la creación, de la vida, de las personas, del tiempo, de la carne, del corazón, del arte, del deporte, de la naturaleza, de las copas, de la diversión, del trabajo, del baile... Somos incontinentes amadores. Y «ahora nosotros —escribía Dionisio Areopagita ya en el siglo I— debemos celebrar esta Vida, de la cual procede toda vida y por la cual todo viviente, en la medida

[2] «Antes erais "no pueblo", ahora sois "pueblo de Dios"... Queridos hermanos, como forasteros en país extraño, os recomiendo...» (1 Pedro 2, 2-12).

de sus capacidades, recibe la vida»[3]. ¡Amamos y celebramos la vida!

La realidad central del cristiano es este Dios que vive en tres Personas, y nuestra participación en su Vida. No me importa repetirlo: la participación en la Vida de Dios, de una potencia que de la nada hizo tierra, mar, astros y animales que poblasen, tiene el poder de transformarme y me hace:

> amado del Padre,
> yo del Hijo,
> carne del Espíritu.

Este es el acontecimiento central, el hecho que me permite manejar otra realidad: la acción de Dios me ha transformado en el Bautismo. Estoy en la tierra, pero soy ciudadano del cielo.

«Conviértete en lo que eres»

Ser cristiano es algo muy serio. Desde el principio, los cristianos que nos han precedido siempre han tenido una profunda conciencia de estar deificados, de no ser como el resto de los mortales, de haber sido divinizados: «Vosotros sois una raza elegida, un sacerdocio real, una nación consagrada, un pueblo adquirido por Dios»[4].

Nicolás Cabasilas, nacido en Tesalónica en 1320, llega a afirmar del cristiano que lo que es de Cristo es más nuestro que lo que viene de nosotros[5]:

> ¡Qué grande es que la mente de Cristo se mezcle con nuestra mente, la voluntad de Cristo con la voluntad, el cuerpo con el cuerpo, y la

[3] *Los nombres divinos* VI, 1.

[4] 1 Pedro 2,2.

[5] Es propiamente nuestro porque hemos sido constituidos miembros e hijos y tenemos en común con Él la carne, la sangre y el Espíritu; y está más cercano a nosotros, no solo que aquello que es fruto en nosotros de la ascesis, sino también que lo que procede de la naturaleza, porque Él se ha revelado más estrechamente unido a nosotros que nuestro padres. *La vida en Cristo IV*, 6; p. 150, 613c.

> sangre se funda con la sangre! ¿En qué se convierte nuestra mente bajo el imperio de la mente divina? ¿Y nuestra voluntad vencida por aquella voluntad beatísima? ¿Y nuestro fango terreno arrollado por aquel fuego?[6].

Por eso, Ignacio de Antioquía, alrededor del año 100, exhorta a los cristianos: «conviértete en lo que eres». ¿Cómo me voy a convertir en lo que soy, si realmente ya lo soy? Pues sí: Dios nos da ya algunas realidades que todavía no gozamos plenamente. Soy ya, pero todavía no lo soy. Mi libertad hará cada vez más plena la realidad que me ha sido regalada. Es una promesa de algo que pregusto y que, al mismo tiempo, me marca la misión que tengo: convertirme en lo que ya soy. Pero eso exige mi respuesta libre para acogerlo y crecer.

En el Bautismo el hombre muere a la vida marcada por la muerte y resucita a la vida de Cristo; en la Eucaristía Jesús da como alimento su Cuerpo, y nos transforma y nos convierte en su propia sustancia; en la Penitencia nos da el Espíritu sanador… A través de la Iglesia, los sacramentos y la oración el Espíritu va haciendo maravillas en nosotros. Solo Él es capaz de hacer crecer lo que Él mismo ha sembrado ya en cada uno.

Odres viejos

Me da la impresión de que la acción poderosa de Dios se frustra cuando cae en los cristianos, porque este buen vino lo recibimos en odres viejos. Nuestros odres son viejos como lo eran los odres de los judíos que escuchaban a Cristo. Es necesario que volvamos a escucharle:

> Nadie pone un remiendo de tela nueva en un vestido viejo, porque entonces el remiendo al encogerse tira de él, lo nuevo de lo viejo, y se produce una rotura peor. Y nadie echa vino nuevo en odres viejos, porque entonces el vino romperá el odre, y se pierde el vino y también los odres; sino que se echa vino nuevo en odres nuevos (Marcos 2, 21-22).

[6] *La vida en Cristo IV*, 1, p. 150, 585a.

Odres viejos son los cristianos convencidos de que la fe es cuestión de ideas, de filosofía, teorías sobre el hombre, hechos históricos, formas de pensar…

Odres viejos son los cristianos que hacen hincapié en lo humano, esperando que el esfuerzo por ser mejores personas y por sacar lo mejor de ellos mismos les hará capaces de alcanzar lo divino.

Odres viejos son los cristianos que aceptan doctrinas, que siguen —o pretenden seguir— comportamientos morales, ateniéndose a lo bueno y tratando de evitar el pecado; que persiguen ajustar sus conductas a modelos que cumplen las normas establecidas para ser santos.

Odres viejos son los cristianos que, resignados, se privan de cosas que les encantarían porque «ya disfrutarán en la otra vida, que es la que dura para siempre».

Odres viejos son los cristianos habituados a pensar en la religión como un factor social, que promueve valores buenos, procura la igualdad entre todos, combate la injusticia y ayuda a que todos nos respetemos y alcancemos una pacífica convivencia.

Odres viejos son los cristianos que identifican la práctica de la religión con la higiene espiritual, que al confesar sus pecados se quedan a gusto, que esforzándose por el bien se sienten bien, que dedicando tiempo o cosas a Dios se sienten gratificados, que encuentran alivio psicológico en las prácticas religiosas o filantrópicas.

Odres viejos son los cristianos que encuentran en la religión el ámbito en el que satisfacer sus sentimientos religiosos, pues les gusta la estética de los rituales de una boda, les consuela la ceremonia de un funeral, les alegra la celebración de una Navidad, o disfrutan con la música que les saca de este mundo y les ayuda a trascenderse.

Odres viejos son los cristianos que se quedan con los valores cristianos, que los comparten al cien por cien, pero que discrepan de la Iglesia y se «liberan» de sus estructuras para ser fieles al Jesús de Nazaret que no supo nada de instituciones y sí de lucha por mejorar el mundo.

Odres viejos son los que saben de Cristo, pero no han renacido en Él.

El occidente cristiano se ha hecho un gran odre viejo en el que se echa a perder el vino nuevo. Y no me refiero a quienes rechazan el vino, sino a aquellos que, muchas veces con formación cristiana, de misa de domingo e incluso diaria, creen ser la salvación de Occidente, pero están formateados por nuestra cultura y prostituyen el vino de Cristo y la acción transformadora del Espíritu.

Santos de copas

Con *santos de copas* queremos referirnos al cristiano por el que el mundo clama:

> **!** Cristianos que no llevan cruces vistas colgando del cuello,
> pero que aman sirviendo hasta que duele;
> que no llevan el Evangelio en la boca, sino inyectado en vena;
> que no menosprecian las diversiones y placeres del mundo,
> sino que son los que más los disfrutan;
> que no juzgan a los equivocados,
> sino que se arrodillan a sus pies para aliviarles y sanar sus heridas;
> que no llevan cara de sufrimiento, sino que se muestran
> escandalosamente alegres;
> que no buscan a Dios en las sacristías y acciones evangelizadoras,
> sino que lo buscan y transmiten en su puesto de trabajo
> y en las fiestas, con una copa en la mano.
> Dios —el Padre, Cristo y el Espíritu— es alguien
> que ocupa el centro de sus vidas.
> No gastan su tiempo ni su dinero en *montárselo* tranquilos
> mientras no hagan daño a nadie:
> se gastan en implantar el Reino en nuestro planeta,
> en servir al Espíritu para que haga nuevas todas las cosas,
> en arrancar al mundo de la muerte,
> en vivificar su entorno con un amor sin límites,
> en transfigurar todo lo terreno llevándolo a su plenitud.

Ser santos de copas es una manera de vivir en plenitud. El santo de copas ama la vida y todo lo que vive. Ama el trabajo y ama la fiesta. Pero, sobre todo, donde está él, se está de fiesta.

! **Acepta ser el amado del Padre**, acoge su misericordia y la contagia, vive confiado en sus manos, transmite su paz con su vivir.
Presta su yo a Cristo —¡su pobre loco!— para que Él mire con sus ojos, sonría con su boca, escuche con sus oídos, ayude y sirva con sus manos, ande con sus pies y ame con su corazón.
Ofrece su carne al Espíritu para que las veinticuatro horas del día le posea y prenda el fuego de Cristo en este mundo.

¡Effetá!

El conocido como Isaac el Sirio, monje del año 640, nos da la clave de por qué no les falta realismo a quienes, según este espíritu de santos de copas —él les llama hombres de corazón purificado—, pretenden ser los que mejor lo pasan en esta vida:

> El país espiritual del hombre de corazón purificado
> se encuentra dentro de él.
> El sol que brilla en él es la luz de la santa Trinidad…
> Él se maravilla de la belleza que ve en sí,
> cien veces más luminosa que el brillo del sol.
> Allá está el Reino de Dios escondido dentro de nosotros,
> según la palabra del Señor (Lucas 17, 21)[7].

Nuestra sociedad occidental nos ha hecho individualistas. No nos entendemos fuera de los ridículos esquemas de *mi* yo con mi historia, *mis* problemas, *mis* logros, *mis* fracasos, *mis* desgracias, *mis* proyectos, *mis* miedos… Todo lo demás parece que no es *mío* —me resulta íntimamente ajeno—, o que es regalado y por eso no tiene valor. Necesitamos que Cristo nos dé la orden «¡Effetá!» («¡Ábrete!»), para abrirnos a nuestro interior y ver el país espiritual que se encuentra dentro de nosotros; para abrirnos al Espíritu que nos haga renacer; para abrirnos a la Iglesia en la que vivimos ya «el anticipo de aquella comunión plena que nos espera, un anticipo que se vuelve la fuerza, la memoria, la alegría de mi vida»[8]. En definitiva, para abrirnos a un nuevo nacimiento.

---

[7] "Tratado ascético 43", en *Isaac le Syrien, Oeuvres spirituelles, Abbaye de Bellefontaine,* 2003, pp. 244-245.

[8] Marko Ivan Rupnik, *El arte de la vida*, Fundación Maior, Madrid 2013, p. 23.

Me daba miedo que se pudiesen interpretar estas líneas como un grito de optimismo que resultase hiriente para personas con historias difíciles o cargadas de sufrimiento y dolor. Pero he reaccionado: los cristianos somos quienes más disfrutamos de la vida, no porque nuestras vidas sean más fáciles, ni porque seamos más optimistas que los demás, sino porque vivimos abiertos a un mundo real maravilloso de cuatro dimensiones, vivimos asombrados de la belleza que vemos en nuestro interior y la realidad del Reino aquí presente en nuestro mundo. Lo hemos dicho antes: ¡todo es cuestión de cuánta realidad maneja cada uno! La realidad en la que nos movemos los cristianos es total. Como dice el poeta:

> Has entrado en otra dimensión.
> Ahora navegas por un mar completo.
> Y como ahora te envuelve solo él,
> ¡a toda vela vas, quieto del todo! [9].

¡Effetá! Abrirnos a toda la realidad divina y humana. ¡Abrirnos a la acción de toda la realidad divina! Abrirnos y tener fe:

> fe verdadera que inspira toda acción, esta fe en lo sobrenatural que despoja al mundo de su máscara y muestra a Dios en todas las cosas; la fe que hace desaparecer toda imposibilidad, que hace que las palabras de inquietud, de peligro y de temor no tengan ya sentido; la fe que hace caminar por la vida con serenidad, con paz, con alegría profunda, como un niño cogido de la mano de su madre; una fe que coloca al alma en un desapego tan absoluto de todas las cosas sensibles que son para ella nada, como un juego de niños; la fe que da tal confianza en la oración, como la confianza del niño que pide una cosa justa a su padre; esta fe que nos enseña que «todo lo que se hace fuera del agrado de Dios es una mentira», esta fe que hacer verlo todo bajo una luz distinta —a los hombres igual que a Dios—:
> ¡Dios mío, dámela!
> Dios mío, creo, pero aumenta mi fe.
> Dios mío, haz que ame y que crea,
> te lo pido por nuestro Señor Jesucristo. Amén[10].

---

[9] Lorenzo Oliván, *Puntos de fuga*, poema "Barco en una botella".

[10] Carlos de Foucauld, *Meditaciones sobre los Evangelios*, cit. *Magnificat* num. 150, pp. 246-247.

2 CRISTIANOS QUE NO SE ENTERAN: LAS DOS MIRADAS

Recientemente hablaba con un chico —buena persona, formal, con ganas de vivir la vida, gran sensibilidad, de familia cristiana «de toda la vida» y colegio de intensa formación cristiana— que me decía que se encontraba *un poco fuera*. Con esta expresión manifestaba que su relación con la religión —que había sido buena en el pasado— la había ido descuidando en sus años de universidad. En ese momento, por un lado estaba a gusto con su vida; pero por otro lado, su conciencia le decía que su deber era cambiar algunos hábitos, que debía mejorar en sus cumplimientos, pues poco a poco había ido dejando de hacer cosas. Yo le pregunté: «¿Quieres volver a acercarte a Dios?». Su respuesta fue formidable: «Sí. En realidad, me gustaría seguir así. Pero aunque tenga que fastidiarme, pienso que es lo que tengo que hacer».

Quizá alguien se haya extrañado de que califique tal respuesta de fantástica, pero dejo para el final del capítulo la aclaración de este calificativo.

A los dos días hablaba con otro amigo, de parecido perfil. Su situación la expresaba más o menos así: «Últimamente me he relajado un poco. He ido dejando cosas. Sigo haciendo voluntariado, no fallo a misa los domingos. Tendría que hacer más cosas porque antes hacía más, pero estoy algo cansado. A ver si me aplico y me esfuerzo».

En fin, que no se veía tan bueno como en otros momentos, y él —educado para ser perfecto— estaba insatisfecho con estas holguras de vida. Tampoco me importa calificar esta contestación de formidable.

«No es bien mirado en su tierra»

A los pocos días de mantener estas conversaciones, orando, me topé con estas palabras de Jesucristo: «Os aseguro que ningún profeta es *bien mirado* en su tierra».

El mensaje de Jesús es nítido y seguro, no le cabe duda alguna: «Os lo aseguro, y podéis tener vosotros esta misma seguridad». Al mismo tiempo no admite excepción: «ningún profeta», ninguno. Y el hecho es descrito así: «no es bien mirado en su tierra».

Estas palabras las dice Jesús en la sinagoga de Nazaret, el pueblo en el que vivió toda su infancia. En un sentido lineal, Jesús se está refiriendo a ellos, a los de su pueblo. Pero es evidente que no solo se dirige a los que viven en el territorio de Nazaret, a aquellos que están en el perímetro que la cartografía reconoce como municipio de Nazaret; habla a los que viven «en su tierra», es decir, a los que viven donde Él ha estado siempre, a los habituados a ver a Jesús como algo dado, como alguien *que está ahí*, a los que han tenido desde pequeños un trato fácil y cercano con Jesús, a los que se han tropezado con Él incluso sin buscarlo.

Estos dos amigos con los que he empezado el capítulo son dos universitarios «de la tierra de Jesús». Ellos han mamado a Jesús desde chicos, han crecido aprendiendo la doctrina cristiana, saben todos los mandamientos, siempre han estado en «tierra» donde estaba presente Jesús.

¿Qué es lo que ellos dicen? «Me he cansado», «quiero volver aunque no me gusta, pero debo», «quiero hacer más cosas», «necesito más esfuerzo»... Estos dos amigos, muy buenas personas, tienen un gran problema. ¿Cuál? «Os aseguro que ningún profeta es *bien mirado* en su tierra»... *No miran bien*. Quizá lo han mamado tanto que no saben nada; han recibido tanta doctrina que se han quedado sin lo esencial que Cristo ha traído, que no son mandamientos, ni verdades. Cristo ha venido a dar Vida.

Ninguno de los dos habló de alegría, ni de la paz que encontraban en su corazón, ni de amor, ni de por dónde les iba llevando Dios, ni de las exigencias que recibían de las personas que les rodeaban...

A quienes somos de «su tierra» nos cuesta descubrir esto que, sin embargo y de manera sorprendente, es lo que se encuentra desde el minuto uno en las historias de quienes se convierten desde una educación pagana.

Cuando hablé con ellos, ¿qué hice? Les animé, pero no sé si hice bien. Quizá hubiese sido mejor para ellos que les dijese: «No te preocupes, deja de hacer incluso lo poco que sigues haciendo, sé feliz, olvídate de la religión, y cuando quieras ser plenamente feliz —no solo estar satisfecho—, cuando desees encontrar la vida que no encuentras en las cosas de este mundo, cuando te des cuenta de que necesitas más fuerza para vivir amando locamente…, entonces quedamos para tomar una cerveza y te presentaré a la persona que en realidad estás deseando conocer: a Cristo, el Hijo de Dios, Jesús de Nazaret, el hombre que con mayor pureza ha amado en este mundo a lo largo de toda la Historia, al resucitado, al verdadero liberador, a quien es la Vida».

Si cuando hablé con ellos hubiese escrito ya este libro, les habría animado y les habría dado estas páginas a leer, con el deseo de destrozar su edificio religioso. Lo escribo ahora pidiendo al Espíritu que cualquiera de «su tierra» que lea estas páginas reciba su acción y que Él lo arrase para que sea capaz de admitir que necesita empezar de nuevo, pero ahora mirándole bien.

La dinámica religiosa de quienes no miran bien

«Os lo aseguro: ningún profeta es bien mirado en su tierra». Podemos darnos por aludidos quienes desde que nacimos hemos tenido a Jesús en nuestro ambiente; quienes hemos crecido entre velas y olor a incienso, o en colegios donde se nos hablaba de Jesús, con misas, clases de religión y catequesis; quienes hemos crecido tropezándonos con Jesús como algo que «está ahí», que «viene puesto» en el kit de la vida.

Muchas veces hemos recibido tanta ***doctrina*** que nos hemos quedado sin lo esencial de lo esencial que Cristo vino a decir: Jesucristo vino a dar Vida.

Y junto a la doctrina, ***mandamientos***: cosas que hay que hacer, cosas prohibidas y obligatorias, listas de pecados con sus clasificaciones… Ese tipo de cristianos conoce la ley: saben perfectamente lo que está bien y lo que está mal. Con frecuencia hablan de lo que se puede hacer y lo que no, pero no ven en la moral una ayuda para desarrollar su bondad, sino una limitación de su libertad.

A la vez se les proponen ***modelos*** de comportamiento, santos o historias ejemplares, etc. Como entienden que hay una distancia entre ellos mismos y los paradigmas que se les han presentado, buscan adecuar su comportamiento al modelo ideal.

Doctrina, ley y modelos de comportamiento: estos tres elementos son buenos y positivos, pero no pueden configurar la mirada a Cristo y nuestra decisión de seguirle. El cristianismo no se encuentra aquí.

Quienes no miran bien a Jesús por ser de su tierra, se caracterizan, entre otras cosas, porque:

- a) viven la práctica religiosa con un constante recurso a su fuerza de voluntad;
- b) se hacen una imagen de lo que es ser cristiano y tratan de alcanzarla, o imitan modelos con los que se sentirían bien. Habitualmente viven con un sentimiento de culpa, porque no logran reproducir en su comportamiento diario esos modelos;
- c) obran por deber, buscando la tranquilidad de su conciencia;
- d) funcionan a golpe de propósitos;
- e) tienen una visión individualista de la religión: *su* trato con Dios, *sus* obligaciones, *sus* normas de piedad, *su* conciencia, *sus* propósitos;
- f) viven la fe con resignación. No les caracteriza la paz, y su vida no es contagiosa. Es más, con frecuencia esconden cierta resignación por tener que vivir respetando las prohibiciones y siguiendo los mandamientos. Experimentan la religión más como limitación de su libertad que como liberación, pero entienden que es el precio a pagar para ser «buenos».
- g) su vida ascética se desgasta por rozamiento y produce cansancio.

Esta dinámica religiosa, típica del que ha nacido en la tierra de Jesús, me atrevo a decir que es bastante atea; esto es, es una dinámica religiosa *natural*, una religiosidad de producción humana. Si la persona que vive así cambiase la doctrina de Jesús de Nazaret por otra doctrina, viviría la misma dinámica, aunque con otros principios doctrinales, otra ley y otros modelos. La dinámica, en cuanto dinámica, sería la misma. La dinámica en sí no tiene nada específicamente cristiano. Además, piensan que lo saben todo y… ¿qué les vas a decir que no sepan ya? Es cierto: el problema es que lo saben todo de Jesús, pero no han renacido en Él.

Como el joven rico, «él sabe bien que, aunque no le falte nada a su virtud, aún le falta la vida; es un buen obrero de la Ley, pero es perezoso en lo que respecta a la vida eterna»[11].

La dinámica específicamente cristiana

Me gustaría exponer otra visión, la visión específicamente cristiana.

Su origen se encuentra en el irreprimible ***deseo*** que tenemos cada uno de *libertad*, de disfrutar de la *belleza*, del atractivo de una auténtica *alegría*, de la necesidad de *descansar* con una paz verdadera e íntima, del ansia de *diversión*, de recibir amor y de *amar* trascendiendo nuestra yoidad, de la fuerza interior para alcanzar cierta *plenitud*… En todo eso que quiere, en esa sed que busca saciar —muchas veces de manera inconsciente—, se encuentra el inicio de esta dinámica.

En ocasiones tenemos conciencia de una sed que no nos sacia ninguna de las cosas con las que buscamos mitigarla: las cosas bellas, el sexo que vivimos con todo el amor de que somos capaces, las experiencias nuevas, los amigos, el trabajo, el reconocimiento

---

11 «Por eso va a pedirle al único que lo puede conceder; él está seguro de cumplir con la Ley, pero le implora al Hijo de Dios. Las amarras de la Ley no lo defendían bien del balanceo; inquieto, abandona estas aguas peligrosas y lanza su ancla al puerto del Salvador. Jesús no le reprocha haber faltado a la Ley, sino que comienza a amarle, conmovido por esta muestra de dedicación. Sin embargo, se declara aún imperfecto: es un buen obrero de la Ley, pero es perezoso en lo que respecta a la vida eterna. La Ley es como un pedagogo que encamina a los mandamientos perfectos de Jesús y hacia su gracia. Jesús es el "resultado de la Ley para que sea dada la justicia a todos aquellos que creen en Él"», San Clemente de Alejandría, homilía "¿Se puede salvar el rico?", en *Magnificat* 150, pp. 328-9.

de los demás… Todo eso son realidades buenas, pero una y otra vez vemos que se nos quedan cortas: nos damos cuenta de que las realidades de este mundo con las que buscamos saciarnos siguen dejándonos con sed.

Sin embargo, es posible que nos enteremos de que existe otra realidad que es capaz de saciar la sed: puede que lo vivamos a través de una experiencia personal —aunque sea momentánea—; o por verlo hecho realidad en otros; o bien porque vamos purificando y corrigiendo progresivamente nuestra mirada… Reconocemos, entonces, que lo que buscamos está en otro lado; nos damos cuenta de que lo único que ansiamos está más allá de las cosas de aquí y se llama Dios, a quien podemos conocer por medio de Jesucristo.

Está claro: el comienzo de la ascética cristiana es *desear.*

Cuando yo deseo la fuente que sacia, me pongo en ***proceso***: empiezo un camino hacia quien me ofrece el Agua Viva. A partir de ese momento, todo lo que haga deberá ser con el deseo de alcanzar la fuente; no es cuestión de ir a misa más veces, sino de ir cuando quiera, pero para saciar el deseo.

El inicio es el deseo. El camino es un proceso que se recorre paso a paso, va creciendo como algo orgánico, sigue un desarrollo. Todo lo que es vivo y orgánico tiene un proceso. Yo sé que estoy en camino *hacia*, aunque también tengo necesidad de que se cumplan las promesas que hace Jesús a los suyos.

Y su ***cumplimiento*** es peculiar. La realidad trascendente a la que me dirijo ya está aquí entre nosotros. Dice Cristo: «Mi Reino ya está aquí, en medio de vosotros»[12]. Lo prometido llega a quien cree en Cristo como su Salvador y se abre a Él, que ya está aquí, aunque no de manera plena; pero está, y es necesario tener experiencia del Reino y de alcanzar sus promesas ya en esta vida.

---

[12] Preguntado por los fariseos «¿Cuándo llega el Reino de Dios?», les respondió así: «El Reino de Dios no viene visiblemente, ni podrán decir: "¡Mirad, está aquí!" o "¡Allí!", o "¡Mirad, aquí!", pues, fijaos, el Reino de Dios está en medio de vosotros» (Lucas 17, 20-21).

Deseo, proceso, cumplimiento. Vamos a detenernos en cinco rasgos, leyes y características de cada uno de estos tres elementos, respectivamente, que pueden autentificar que uno está «mirando bien» a Cristo.

Cinco rasgos del deseo

1. Cuaja en una decisión que elijo: hago una **elección**, opto por dirigirme a tener la vida que me enseña Cristo, y sé que Él es el Camino que me llevará, y la Verdad y Vida de las que tengo sed.
2. Doy **prioridad** al cumplimiento de este deseo: lo pongo por delante de todas las demás cosas.
3. Es el deseo **de «otro»**, no de mi perfección: yo deseo y elijo a Cristo. Deseo encontrar mi paz en Cristo, la belleza en Cristo, la alegría en Cristo…
4. Es un deseo que debe partir **desde el suelo**, del reconocimiento de mi impotencia y de la imposibilidad de encontrar en este mundo lo que en el fondo estoy deseando.
5. Entiendo que en esta elección estoy deseando formar **parte de una familia**. No es un deseo individualista, sino de pertenecer a una realidad que me trasciende y que está constituida como familia.

Cinco leyes del proceso

Subrayaría estas cinco leyes que rigen el proceso del seguidor de Cristo en su camino:

1. **Vivirlo al día**. Sé que cada día necesito ser salvado por Dios. Nunca tengo la seguridad de haberlo conseguido, pero me da igual el futuro: «Dios mío, sálvame hoy», «danos hoy nuestro pan de cada día», «Dios mío, estoy en proceso y te deseo». Ante la incertidumbre del mañana reaccionamos con la tranquilidad del que se sabe en manos del Dios que le busca desde siempre y le acompaña.
2. **Descontrol**. Estamos habituados a prever, planificar y controlar el progreso, a sacar cosas adelante… La ley de no ir de seguridad en seguridad es difícil para el occidental de hoy, pero es clave en cualquier persona que recorre un camino de amor como este: es preciso dejarse llevar por el otro, vivir al día, aprender a bailar con Dios.
3. «Para ir adonde no sabes, hay que ir por donde no sabes», dice san Juan de la Cruz. ¿Para qué sirve adorar? Podemos

entenderlo o no, pero lo que sí entendemos es que necesitamos ser enseñados y **acompañados**; necesitamos vivir nuestro camino acompañados de la Iglesia. El acompañamiento espiritual no es una obligación, pero para quien quiere seguir a Cristo, es una ayuda muy digna de consideración.

4. **Confianza**. Desde pequeño he escuchado una jaculatoria que nunca había valorado lo suficiente, por considerarla propia de piedades antiguas: «Sagrado Corazón de Jesús, en ti confío». Sin embargo, con el tiempo he entendido que esa sencilla jaculatoria educa el corazón de quien quiere mirar bien a Cristo.
5. Lo que debe movernos no es lo que conseguimos con nuestra fuerza de voluntad, sino la **capacidad de recibir**: uno que quiere ser capaz de recibir, busca hacer sitio para acoger, y ahí aplica su esfuerzo. No valora «hacer más», sino «recibir más».

Cinco características del cumplimiento

El cumplimiento de las promesas que nos ha hecho Cristo alimenta nuestra esperanza y nos llena de seguridad. Este cumplimiento se caracteriza, entre otras cosas, porque:

1. Es **parcial**. Parece que hay una contradicción, porque el cumplimiento es real, verdadero y sincero, pero solo se realiza de manera parcial: las promesas se nos conceden, pero siempre acompañadas de la tensión del «ya, pero todavía no», como recoge una fórmula clásica de la teología.
2. Por ser parcial, es aparente o misteriosamente **contradictorio**: «creo, pero no creo»; «amo, pero no amo»; «tengo esperanza, pero no me fío mucho»... A pesar de nuestra aparente seguridad o certeza, nos acompañan las dudas, la oscuridad, las sombras... Con frecuencia se nos plantean las incertidumbres más elementales, porque los hombres albergamos siempre esa tierra movediza sobre la que estamos, que es la fe. Y aunque anhelamos seguridad física, no se nos ofrece.
3. **Todo lo hace nuevo**[13]. La novedad no proviene de un nuevo esfuerzo que parte de mí, ni siquiera de que yo

[13] «He aquí, yo hago todas las cosas nuevas» (Ap 21, 5).

me lo proponga de manera nueva, sino que la novedad se encuentra en que tiene un origen en una realidad distinta a mí, nueva con respecto a mí; tiene un origen divino. Se cumple la promesa cuando advierto la novedad en la forma en la que amo, la novedad en mi modo de mirar, la novedad en la fuerza y vitalidad que encuentro en mí, la novedad en la forma de vivir el dolor… Todo es lo de siempre, pero tocado de la novedad que vino a realizar Cristo.

4. **Paz**. Con independencia de cómo vayan las cosas, nos acompaña la tranquilidad: uno experimenta las palabras de Cristo, que nos da la paz —no como la da el mundo, sino como solo Dios la puede dar—.
5. **Es contagiosa** la vida nueva que uno descubre en sí mismo: alegría, amor, vida... No hace falta proponerse hacer apostolado: uno contagia con la mirada, con la sonrisa, con el servicio, con el respeto enorme a cada uno de los que tiene al lado y con todo su actuar.

La paz como garante de «estar en el camino»

«Yo creía que era feliz, pero ahora me he dado cuenta de que la felicidad es otra cosa». Este comentario se lo he escuchado a los muchos jóvenes que se han convertido. Y no se lo pueden callar, porque llevan dentro una vida que se manifiesta y contagia sin remedio y sin control posible. No hablo de teorías: bien lo saben quienes han vivido este paso de la oscuridad a la luz.

Los que hemos nacido en la tierra de Jesús lo tenemos más complicado: nos tenemos que deshacer de esa manera *seca y* sin vida de ser cristiano, y meternos en la dinámica cristiana de experimentar un gran deseo de ir hacia Alguien que no conozco y de quien espero recibirlo todo.

La verdadera vida cristiana no tiene nada que ver con una ideología ni una ley. La verdadera vida viene de la Eucaristía, de la Iglesia, de la Palabra: de una Eucaristía recibida *con hambre*, de una Iglesia amada *en la que se convive*, de una Palabra deseada *como luz*.

3 DIMENSIÓN PERROFLÁUTICA DEL CRISTIANO

Hace poco me encontraba con un buen grupo de universitarios en el castillo de Javier, en Navarra. Habíamos recorrido muchos kilómetros a pie para llegar hasta allí, al pueblo de san Francisco. La llamada *Javierada* termina el domingo con una misa en la que se reúnen todos los infantes peregrinos, cada cual con su grupo, todos con manifiesta alegría. Es bonito. Nada espectacular, pero bonito.

Después de un buen rato haciendo cola, visitamos el conocido como *Cristo de la sonrisa* en una de las habitaciones del castillo. Mientras salíamos, hablando con una chica novata en ese tipo de experiencias, le pregunté qué tal esos días. Venía en nuestro grupo pero apenas nos conocíamos. Me dijo que lo estaba pasando bien, que le estaban gustando mucho. La tercera frase fue: «Me siento orgullosa de estar aquí». Me quedé de piedra y muy contento. Lo que me acababa de decir era muy importante, era asombroso y para ella un privilegio: «¡Qué suerte! ¡Te has llevado lo mejor! ¡Has dado con la clave!», le dije.

No sé si me entendió, supongo que no. Pero si me pidiesen unas pocas palabras para expresar lo esencial del ser cristiano, muy bien podría escoger estas seis: «Me siento orgullosa de estar aquí». No sé si ella se daba cuenta, pero con esas seis palabras estaba afirmando un montón de verdades; en ese momento, la experiencia que había vivido le había llevado a tomar conciencia de *pertenecer a* algo que superaba su individualidad, sentía que *formaba parte de* algo mayor, se descubría como *miembro de* una realidad distinta a ella misma.

Esta chica, sin saber teología, había dado con algo esencial. Ser cristiano es ser consciente de que *formo parte de*, de que *participo de* algo superior, de que *pertenezco a* una realidad que me trasciende, dentro de la cual me encuentro yo. Tengo vida, pero mi vida no soy yo; por así decirlo, mi vida es mayor que mi vida, formo parte de una vida que es mayor que la vida mía. De algún modo, yo no soy solo yo. O mejor, yo no puedo entenderme a mí mismo si no es como parte de algo mayor que yo.

Vivir *junto a* o vivir *en*

Esta forma de entender el ser cristiano se contrapone a otra que se encuentra en las antípodas, y que es bastante frecuente. Muchos creen que ser cristiano es seguir un modelo ideal de comportamiento, que dista mucho del que realmente viven: «debería hacer tales cosas y no hacer otras», «debería alegrarme por tal cosa y entristecerme por tal otra», «dolerme por esto y dedicar tiempo a esto otro»... Pero uno comprueba que ni se alegra por aquello ni se entristece por esto, que no consigue comportarse como le dicen que debería, y que se la pega una y otra vez... Los que así entienden el ser cristiano piensan que ser santo sería llegar a un comportamiento distinto al que tienen y que nunca alcanzan.

Esta forma de vivir provoca mucho cansancio y genera no poca desconfianza, pues uno comprueba que no consigue vivir según el ideal. Puede además dar lugar a cierto cinismo: como uno ve que no es posible vivir según le dicen que debería, pero por otro lado tampoco se va a amargar porque tiene que salir adelante, al final toma la calle de en medio y trata de compaginar las dos realidades: no renuncio a querer vivir y alcanzar ese ideal, pero reconozco que no puedo y que es una propuesta teórica e irrealizable. Me hago cínico, pues vivo en la nube de «lo que debería ser y no soy».

Cuando se entiende el cristianismo de ese modo se hace una reducción brutal. Podemos comprobarlo con un hecho muy sencillo: cuando viene un amigo o familiar y nos cuenta un problema o dificultad por los que está pasando, ¿en qué plano se mueve nuestra respuesta? En algunos casos, nuestra ayuda —aparte de decirle que rezaremos y que rece él también— se reduce a una colección de consejos de enfoque psicológico, destinados a ayudarle a sanar su dinámica relacional con su familia, con su trabajo o consigo mismo. Con esos consejos pretendemos que armonice y evite así rozamientos o resistencias, viva más pacíficamente, consiga un mayor bienestar trabajando sobre él mismo para mejorar... En otras palabras, le introducimos en una dinámica de dominio de sí mismo, a partir de sí mismo, para conseguir un cierto bienestar.

Consejos como «olvida el pasado», «no le des más vueltas», «vive siempre en lo que estás», «haz cosas por los demás y te sentirás mejor», «otros están peor», «fíjate en lo positivo»... y mil más, fáciles de encontrar en los libros de autoayuda. ¡Ojo! Todos estos consejos son verdad. ¡Faltaría más! El problema está en reducir el cristianismo a este plano: a una forma de trabajo *mío* sobre *mí mismo* con *mis* propias fuerzas para mejorar. Esta es una ascesis de autodisciplina y mejora personal.

Querría decir, de modo radical y tajante, que todo esto no tiene que ver con el cristianismo. Para estos cristianos «exteriores», ser cristiano supone vivir *junto a* unas creencias que nos acompañan.

Sin embargo, sabemos que la vida cristiana no es eso, sino que consiste en *vivir en* la Iglesia. Cristo no nos propone ser buenas personas, sino vivir una vida nueva. La diferencia es sustancial: o *vivir junto a* una doctrina y enseñanzas que escucho y creo, o *vivir metido en* una realidad que me supera. Digámoslo de otra manera: o *vivir junto a* un libro que creo y me enseña, o *vivir abierto a* una persona, Jesucristo, que no es un libro ni una doctrina, sino la Vida.

«Me siento orgullosa de estar aquí», decía la chica que ha inspirado este capítulo. Por aquí van los tiros: ser cristiano es ser consciente de *estar en*. Lo que me propone Cristo es: «Vive aquí dentro».

Decía Dostoyevski describiendo el carácter de Aliosha, uno de los protagonistas de *Los hermanos Karamázov*[14]: «Añadan que era un joven en parte ya de nuestro último tiempo, es decir, honrado por naturaleza, ávido de verdad, a la que buscaba y en la que creía, y que, habiendo creído, exigía la participación inmediata en la verdad con toda la fuerza de su alma».

Así es: creer en Cristo es participar de inmediato y vivir en una Verdad y Vida nueva. Lo esencial no está en lo que hago —y en hacer cada vez más—; lo esencial consiste en *estar en* una realidad. Vamos a llamar a esta la *dimensión perrofláutica* del cristiano. Esta dimensión es clave; sin ella, no se entra en el cristianismo verdadero.

[14] Fiódor Dostoyevski, *Los hermanos Karamázov*, Alianza editorial, Madrid 2015, p. 54.

Resolver problemas o ver con otra luz

Ante los problemas y dificultades de la vida hay cristianos que buscan la solución siguiendo la exigente vida de *Supermán*: afrontan la realidad con fuerza, para cubrir las propias expectativas de la respuesta ideal del cristiano en esas circunstancias. A veces notan incluso que no les hace falta Cristo, ya que su planteamiento se centra en el individuo y la Ley: es el individuo quien conquista el cumplimiento de las normas establecidas.

La dimensión perrofláutica nos hace descubrir que ser cristiano es transportarse a otro lugar, cambiar de óptica: me transporto a una realidad nueva desde la que mirar el problema. Llama la atención el hecho de que, cuando Jesús quiere explicar nuevas realidades a sus apóstoles, con frecuencia el Evangelio recoge que «se los llevó a la montaña y allí…». Interesante: se los lleva a otro lugar. Esto nos aporta la fe: nos transporta para que seamos capaces de ver la realidad desde otra óptica, para que no sigamos mirando desde el valle, sino desde lo alto. No espero que ser cristiano me resuelva el problema, sino que espero que ser cristiano me enseñe a aprender a mirarlo de un modo nuevo.

Ser cristiano es un modo nuevo de ver y de vivir, no porque consigamos neutralizar las dificultades y controlar que las cosas ocurran según nuestros deseos —porque Dios es el «Jefe» y Él nos ayuda—, sino porque vemos de distinto modo lo que nos ocurre. No pretendemos que la fe nos quite los problemas o nos los resuelva, sino que nos enseñe y ayude a afrontarlos con un planteamiento que nos viene de otro lado.

Muchos cristianos se decepcionan al ver que Dios «no les funciona». Pretenden poder dirigir los sucesos con sus ruegos, oraciones y ayunos, pero no ven que con ello se cumpla su voluntad. Otras veces juzgan que algunas malas personas tienen más protección de Dios que ellos, a pesar de su entrega. «Dios no funciona», concluyen. Y abandonan la Iglesia defraudados.

Hablar, demostrar y explicar o vivir y revelar

Mientras en un planteamiento pesa mucho el *hablar, demostrar y explicar*, cuando tenemos presente la dimensión perrofláutica pesa más el *vivir y el revelar*.

Nos surgen mil preguntas: «¿por qué dice la Iglesia que durante el noviazgo no sé qué?», «¿por qué la fecundación "in vitro" no la ve bien?», «¿por qué ir a misa el domingo y no el día que más lo sienta?»... La reacción primera suele ser hablar y dar explicaciones, a pesar de que sabemos que cada argumento resulta fácil de tumbar, muy fácil.

Quien ha descubierto la fundamental dimensión perrofláutica sabe que no es ese el camino para descubrir la propuesta de Cristo. No busca hablar, explicar y enseñar. Sabe que es muy difícil enseñar: estas realidades están llenas de sutilezas que a la razón —en frío— no se le muestran. Ha aprendido de Cristo que su fuerza la encuentra en vivir y, en el vivir, revelar. Cristo nos enseña a sumergirnos en la Vida nueva, y mientras vivimos las cosas, se nos van revelando. Es lo que Él hizo la primera vez que se le acercaron algunos de sus apóstoles: les dijo sencillamente «Ven y verás». Ven y verás, vive y se te revelará. Vive en comunión con Cristo y con la Iglesia; así te transportarás a otro lugar desde el que vivir la realidad, y mientras la vives, se te irá revelando en todo su sentido, en toda su belleza, en toda su luz, en toda su trascendencia.

Por eso, cuando queramos que alguien disfrute de Cristo y de su Vida, no tratemos de hablarle y convencerle de nada. Mejor será vivir yo con el Evangelio en vena hasta que se le revele el Evangelio a través de mí.

El cristianismo no se extendió desde las cátedras, sino desde las plazas, desde los mercados, desde las familias, desde los puertos marítimos, desde las carnicerías, entre los amigos… desde la vida. Muchos advertían que ante ellos se encontraba otra forma de vivir, de afrontar la realidad, de ver las cosas... Porque Dios eligió revelarse en la vida de lo suyos.

Individuo o comunidad en el centro

En el centro del planteamiento que vive el cristianismo según un modelo ideal de ser cristiano se encuentra el individuo que resuelve los problemas, los demuestra y no da un paso si no está seguro. Es el individuo quien tiene que conseguir reproducir el ideal que se ha propuesto: yo, con mis medios, desde mis posibilidades... Puedo o no puedo, me sale o me caigo de nuevo, me siento capaz o incapaz, hago propósitos una y otra vez... Es este un camino cansado y muchas veces agobiante, en el que además no tenemos demasiada conciencia de que necesitemos a Cristo para alcanzar nuestros objetivos: parece que Cristo está ahí al lado, pero no en nuestra vida real y concreta. Ni vida nueva, ni su Espíritu ni nada que se le parezca.

Sin embargo, si nos abrimos a la dimensión perrofláutica propia del ser cristiano, resulta que podemos decir: «Me siento orgullosa de estar aquí». En el centro se encuentra la comunión. ¡Vivimos en comunión! En esta dimensión se da siempre un marco relacional, interpersonal, en el que se nos revelan las cosas y las vamos aprendiendo; a la vez, somos capaces de darnos cuenta de cómo se nos van donando.

Conquista o participa

Mientras que en el primer planteamiento el individuo conquista las cosas, el cristiano perroflauta participa de ellas:

—uno las consigue, el otro las recibe;
—uno las quiere poseer, el otro las quiere compartir;
—uno quiere progresar y planifica los avances, el otro solo pretende ser llevado por donde y al ritmo que el Espíritu le vaya revelando;
—uno está tranquilo cuando consigue controlar, el otro está tranquilo al descontrolar y confiar más plenamente.

Le llamamos dimensión perrofláutica porque no consiste en hacer mucho, sino en saberme y hacerme profundamente consciente de que formo parte y pertenezco a algo; que por el mero hecho de abrirme a Cristo, Él me da un nuevo modo de vivir, un principio vital. Quiere entregarme gratuitamente un principio vital nuevo, distinto a mí, que yo no puedo conquistar. Puedo recibirlo y así participar de Él. Ese nuevo principio es el Espíritu de Dios. Cristo ha venido a darnos su Espíritu. Y esta entrega de su Espíritu es la realidad que nos hace cristianos. Como dicen algunos Padres de la Iglesia, el fin de la Encarnación es Pentecostés. ¡Cristo ha venido a darnos su Espíritu![15]

Muchos europeos hemos perdido la auténtica identidad cristiana. El cristiano es un poco perroflauta, y eso a muchos no les entra en la cabeza ni termina de gustarles. Piensan que se trata de esforzarse por ser buena persona, pero no es eso. ¡Ser cristiano no es eso! Cristo no ha venido para que seamos buenos ni para darnos un código de comportamiento. Ha venido a decirnos:

> Vosotros sois amados de Dios
> y Dios quiere que vosotros participéis de su vida divina,
> y que seáis dioses.
> Por eso vengo Yo a salvaros de vuestro pecado,
> os libero de la muerte que os encadena
> y os doy el Espíritu de Dios,
> para que lo mismo que me ha movido a mí os mueva a vosotros.
> Así participaréis de mi misma vida de Dios,
> y estaremos unidos como el Padre y yo estamos unidos.
> No aguanto teneros fuera de mí.

Perdón por la insistencia, pero no se trata de vivir *junto a* unas enseñanzas o prototipos; no se trata de qué puedo hacer a partir de mí mismo para ser la mejor versión de mí mismo —como gusta repetir—; no se trata de ser un inconformista con el mal ni de implicarse en iniciativas de justicia social; no se trata de portarse bien con los padres e hijos… No es eso. Ser cristiano es sumergirse en el mundo superior a uno mismo, que es divino, y dejarse enseñar y transformar por el Espíritu… Ser cristiano es dejarse divinizar.

[15] San Atanasio lo afirma con estas palabras: «El Logos se ha hecho carne para que nosotros podamos recibir el Espíritu» (Kallistos Ware, *El Dios del misterio y la oración*, Narcea, Madrid 1997, pág. 142).

Para el cristiano perroflauta, Cristo es más que un Maestro: Cristo es alguien que vive en mí. Percibo que hay en mi interior un principio vital distinto al de este mundo. Y sigue a Cristo quien es capaz de darse cuenta.

¿Y no hay que luchar? Sí, pero no es lo esencial ni es buena cualquier lucha. La lucha del perroflauta irá encaminada, primera y principalmente, contra su autosuficiencia individualista: cambiar la concepción acerca de sí mismo, erradicar los comportamientos individualistas, abrirse a actuar de acuerdo con su verdad más profunda de ser comunitario…

«Voy a crear un cielo nuevo y una tierra nueva»

Quien entiende el cristianismo teniendo en cuenta su dimensión perrofláutica, no podrá vivir una fe a la carta: Cristo sí, Iglesia no; los valores me gustan, pero los dogmas me espantan; lo social me parece acertado, lo espiritual no tanto… Nos introducimos en una realidad divina, tomamos conciencia de pertenecer a ese *otro mundo* —«Me siento orgullosa de estar aquí»—, y lo abrazamos todo.

Escribe Isaías:

> Mirad: yo voy a crear un *cielo nuevo* y una *tierra nueva*:
> de lo pasado no habrá recuerdo ni pensamiento,
> sino que habrá gozo y alegría perpetua por lo que voy a crear.
> Mirad: voy a transformar a Jerusalén en alegría,
> y a su pueblo en gozo,
> me alegraré de Jerusalén y me gozaré de mi pueblo,
> y ya no se oirán en ella gemidos ni llantos,
> pues será joven el que muera a los cien años,
> y el que no los alcance se tendrá por maldito.
> Construirán casas y las habitarán (Isaías 65, 17-21).

La promesa de Dios es crear un *cielo nuevo* y una *tierra nueva*.

Voy a poner varios ejemplos, aunque soy consciente de que solo quien lo haya experimentado me entenderá, y los demás es posible que no:

En muchas ocasiones hemos hecho *God's Stop* —ejercicios o retiros— en conventos de contemplativas. Siempre tenemos la suerte de vivir un largo encuentro con las monjas: ese rato despierta grandes reacciones en casi todos.

Otro ejemplo. Hace poco el padre de una chica de la parroquia que atiendo estuvo con el Papa Francisco por asuntos de trabajo. Este hombre, no creyente, volvió impresionado porque —decía— «allí había algo distinto, algo me ha tocado».

Otro. Cuando vamos al monte un grupo, algunos que están alejados de Dios vuelven entusiasmados comentando que «ha sido un día extraordinario». E incluso toman decisiones de cambio en sus vidas —recuerdo a uno que dejó de vivir con su novia, cuando en todo el día ni siquiera hablamos de novias ni de camas—.

Podría poner mil ejemplos más. ¿Qué es lo que ocurre en estos casos? Cuando uno está con un grupo de cristianos que se dejan poseer por el espíritu de Cristo, hay Vida. Una Vida nueva. Y esa Vida revela.

Uno advierte que no es buena gente, sino que es gente que tiene un principio vital que es distinto. Hay experiencias de Vida. Más que responder a los mil interrogantes que pueden plantearnos nuestros amigos antes de admitir la Vida de la Iglesia, hay que decirles: «Ven y verás».

Siempre seguros o entrar en el misterio de Dios

Dice el Salmo 71:

> Así son los malvados,
> siempre seguros,
> acumulan riquezas.

Este salmo recoge las quejas de quien constata que la suerte de los que no cumplen los mandamientos de Dios es mejor que la suya. En medio de estas protestas a un Dios tan ineficaz y ausente, en un momento reconoce un cambio:

Meditaba yo para entenderlo,
pero me resultaba muy difícil;
hasta que entré en el misterio de Dios,
y comprendí el destino de ellos.

¿Qué hacer para vivir bien? No querer seguridades, ni acumular virtudes ni riquezas. Y, sin embargo, querer entrar en el misterio de Dios. ¿Cómo? Pues no lo sé muy bien. Aunque en el próximo capítulo sugeriremos diez comportamientos de esfuerzo, aquí vamos a sugerir nueve verbos para abrirnos al misterio de Dios.

Estos son los nueve verbos:

1. **Busca**: el misterio de Dios no se ve; no dejes nunca de buscar su misterio en todo.

2. **Desea**: dile muchas veces lo que te gustaría esa vida nueva suya. Al leer el evangelio o escuchar sus maravillas en la historia o en la vida de otros, desea.

3. **Quita «muerte»**: mentira, droga, pereza, fama, enfados… Todo eso es muerte: oponiéndote a esas mentiras, permites la entrada en el misterio de quien es la Vida.

4. **Déjate ayudar**: porque para entrar en este mundo que te trasciende será bueno que te dejes ayudar, desde la nada, con la conciencia de que no eres capaz solo.

5. **Busca en la Iglesia, busca en los Sacramentos**: busca esos ámbitos en los que el misterio se nos revela, como es la Liturgia.

6. **Lee.**

7. **Reconócete pobre**: admite que te supera y sé humilde.

8. **Siéntete orgulloso** de estar ahí. Siente y fomenta este orgullo santo.

9. **Ama**: como Dios es Amor, amando todo lo que es suyo entrarás más fácilmente en el misterio de Dios.

Entra en el misterio de Dios. Y si no sabes qué hacer, mejor. Ponte delante de Dios y siéntete orgulloso de formar parte de la comunidad de la Iglesia. Y no olvides que lo más importante para entrar en su misterio es amar. Dios se revela en el amar:

> Vete, pues, y no temas (…) Si te arrepientes, amas. Y, si amas, ya eres de Dios... Con amor todo se compra, todo se salva. Si yo, pecador como tú, me he enternecido escuchándote y he sentido compasión por ti, ¿qué no hará Dios? El amor es un tesoro tan valioso que con él puedes comprar todo el mundo[16].

---

[16] Fiódor Dostoyevski, *Los hermanos Karamázov,* Alianza Editorial, Madrid 2015, p. 94.

Mientras no nos quitemos los andamios,
los apoyos falsos a nuestra felicidad,
no tendremos el espíritu de Cristo;
solo vaciándonos podemos gozar de libertad,
de la libertad que permite amar y ser amados
con alta y sabrosa densidad, de la libertad
que permite la entrada y el juego del Espíritu
en nuestro espíritu.

4 LA DIMENSIÓN KENÓTICA DEL CRISTIANO

Un hecho que me ha divertido cuando he hablado a jóvenes de la dimensión perroflúutica del cristiano es que siempre se me han acercado unos cuantos disgustados, en desacuerdo, con la sospecha de que ese mensaje no se corresponde con la realidad del cristianismo. «Entonces, ¿no hay lucha? ¿Todo es afirmar "Dios me ama", y ya está? Algo habrá que hacer, ¿no?».

Me ha divertido, sí. Haber roto sus esquemas me ha parecido algo formidable. No podemos olvidar que cuando Jesús nos enseña su camino, afirma que solo los esforzados entrarán en el Reino, ni podemos ignorar la tradición de hermanos en la fe que nos han hablado de lucha. Pero sería un error dar un primer plano a nuestro esfuerzo: nuestra lucha no es la protagonista principal. Lo importante no es la acción de nuestra voluntad, sino la acción de Dios. Mi esfuerzo no es capaz de divinizarme; la santificación es acción exclusiva de Dios.

Nuestra lucha —imprescindible, por supuesto— es solo secundaria. Como el vaso es secundario para beber, pues lo que importa es el agua que pueda llenar el vaso y saciar la sed; como tumbarse es secundario para ponerse moreno, pues lo que importa es el mismo sol que con sus rayos llega a la piel.

Esfuerzo y lucha sí, pero no de cualquier modo ni en cualquier dirección. Para enfocar bien esta acción esforzada de nuestra voluntad nos viene bien hacerlo desde el siguiente planteamiento.

La *kénosis*

Toda experiencia cristiana debe participar de la *kénosis* de Cristo. ¿Qué significa esta palabra? ¿A qué nos referimos cuando hablamos de «kénosis»? En teología, este vocablo griego significa «vaciamiento». El mejor ejemplo de kénosis lo encontramos en Jesucristo, es que siendo Dios, quiso encarnarse en la debilidad y hacerse hombre, como explica san Pablo a los Filipenses:

[6]Cristo, a pesar de su condición divina,
no hizo alarde de su categoría de Dios;
[7]al contrario, se despojó de su rango
y tomó la condición de esclavo,
pasando por uno de tantos.
Y así, actuando como un hombre cualquiera,
[8]se rebajó hasta someterse incluso a la muerte,
y una muerte de cruz (Flp 2, 6-8).

Cristo no presume de ser Dios, «no ejerce de Dios», podríamos decir. No exige a los hombres el tratamiento que le correspondería. Al contrario, «despojándose de su rango» —dejando a un lado su categoría de Dios— se hizo esclavo, «pasando por uno de tantos», presentándose como un hombre más. Y como un hombre más se sometió incluso «a la muerte, y a una muerte de cruz», más propia de un fracasado que de un Dios.

Eso es la kénosis: el vaciamiento, el despojarse de uno mismo. Es imprescindible que el cristiano sintonice con este modo de plantear la existencia que adopta Cristo.

«Si alguien quiere venir detrás de mí, que se niegue a sí mismo, tome su cruz cada día y me siga» (Lucas 9, 23). «¿Por qué es así?» —se pregunta Rupnik, artista, teólogo, escritor y sacerdote católico—. Porque para vivir la vida del Reino es necesario sintonizar nuestra existencia con la kénosis de Cristo, porque así uno se vacía (cf. Filipenses 2, 7) de los elementos de autosuficiencia individual.

> ¡Sí, queridos amigos, la vida se recibe! Hay que morir entonces a nuestra pretensión de ser padres y madres de nosotros mismos, a nuestra presunción de saber cómo deben ir las cosas, descubrir los vacíos abismales de vida dentro de nosotros para acoger, mediante la muerte, este modo de ser, la vida que se nos da como regalo, es decir, como comunión. Y, puesto que esta transformación no es mágica, ni automática, y el mundo a nuestro alrededor vive según otra lógica, esta cruz es de cada día[17].

[17] Marko Iván Rupnik-María Campatelli, *Veo una rama de almendro*, ed. San Pablo, pp. 24-25.

Es evidente, entonces, que toda experiencia cristiana debe participar de la kénosis de Cristo; esto es, que podré seguir a Cristo en la medida en que busque con ilusión e interés la experiencia personal de la kénosis, de mi libre vaciamiento.

Muchos cristianos piensan que su deber es *hacer cosas* —con sus manos, con su voluntad, con su esfuerzo—, como si la santidad fuese un edificio que cada uno tiene que ir construyendo. ¿Y cómo? «Bueno», se plantean estos cristianos, «yo hago un voluntariado aquí, voy a misa tantos días, trato con paciencia a mi madre que no hay quien la aguante… Así voy construyendo *mi* edificio, voy conquistando la santidad. Estoy contento porque cada vez fallo menos: ¡estoy avanzando!», pueden expresar satisfechos. A estas personas habría que decirles: «Eso es lo que tú crees». En realidad, ese modelo de cristianismo no es kenótico. Su propósito —construir un edificio con buenas obras—, no se encuentra en la línea de la kénosis. En todo caso, su obrar puede ser un buen esfuerzo, similar al que hacen tantos hombres por otros tantos motivos. Este planteamiento puede llevar, con suerte, a una vida virtuosa, pero no a una vida santa.

El planteamiento cristiano del esfuerzo, de la lucha, de la ascética —el entrenamiento o el *footing* espiritual— no es este. Todos los hombres tenemos un corazón muy lleno: de nosotros mismos, de mundo, de tierra, de carne, de miedos, de riquezas, de proyectos, de secretos… de mil cosas. El esfuerzo cristiano no es ir construyendo cosas, sino que es ir vaciándose poco a poco, para que progresivamente nuestro corazón pueda ser poseído por el Espíritu de Cristo, por el Espíritu de Dios. En definitiva, el esfuerzo cristiano va dirigido a hacer sitio a Dios.

Casi podríamos afirmar que el esfuerzo del cristiano no persigue hacer sino deshacer. Hay cristianos que «hacen»; hay otros cristianos que dicen «hágase». Hay que poner verdadero esfuerzo en *dejarse hacer*. Y hemos de reconocer que a los occidentales de nuestro tiempo nos resulta mucho más difícil *deshacer* y *dejarnos hacer* que hacer. Charles Péguy lo expresa metafóricamente poniendo en boca de Dios estas palabras:

Yo conozco bien al hombre. Soy yo quien lo ha hecho.
Es un ser extraño,
pues en él actúa esa libertad que es el misterio de los misterios.
Aun así, se le puede pedir mucho. No es demasiado malo.
No puede decirse que sea malo.
Cuando se le sabe llevar, incluso puede pedírsele mucho.
Se puede sacar mucho de él.
Y Dios sabe si mi gracia sabe llevarle, si con mi gracia Yo sé llevarle.
Si mi gracia es insidiosa, hábil como un ladrón.
Y como un hombre que caza al zorro, Yo sé llevarlo.
Es mi oficio. Y esa libertad es mi creación.
Se le puede pedir mucho corazón, mucha caridad, mucho sacrificio.
Tiene mucha fe y mucha caridad.
Pero lo que no se le puede pedir, vaya por Dios,
es un poco de esperanza.
Un poco de confianza, vaya, un poco de relajación.
Un poco de entrega, un poco de abandono en mis manos,
un poco de renuncia. Está tenso todo el tiempo.
Ahora bien, tú, hija mía, la noche, lo consigues a veces,
lo obtienes a veces del hombre rebelde.
Que ese señor consienta, que se dé un poco a mí.
Que relaje un poco sus miembros cansados sobre una tumbona.
Que relaje un poco sobre una tumbona su corazón dolorido.
Que su cabeza, sobre todo, deje de funcionar:
su cabeza funciona demasiado.
Y él cree que ese es su trabajo, que su cabeza funciona así.
Y sus pensamientos, total, ¡para lo que él llama sus pensamientos!
Que sus ideas no funcionen más y no se peleen más en su cabeza,
que no tintineen como pepitas de calabaza,
como un cascabel en una cabeza vacía.
Cuando pienso a lo que él llama sus ideas... ¡Pobre ser!
No me gusta, dice Dios, el hombre que no duerme,
que se quema en su cama de inquietud y de fiebre,
que por la noche al acostarse hace planes para el día siguiente.
No me gusta, dice Dios.
El muy tonto, ¿sabe acaso cómo se hará el día de mañana?
¿Conoce al menos el color del tiempo?
Mejor haría en rezar sus oraciones.
Yo nunca he negado el pan del día siguiente.
El que está en mi mano como el bastón del viajero,
ese sí me es agradable, dice Dios.

El que se apoya en mi brazo como un bebé que se ríe,
y no se ocupa de nada y ve el mundo en los ojos
de su madre y de su ama,
y no lo ve y no lo mira más que allí,
ese me es agradable, dice Dios.
Pero el que hace cálculos, el que en su interior, en su cabeza,
trabaja para mañana como un mercenario,
como un esclavo que gira una rueda eterna
—y dicho entre nosotros, como un imbécil—;
pues bien, ese no me es agradable en absoluto, dice Dios.
El que se abandona me gusta.
El que no se abandona no me gusta, es así de sencillo.
El que se abandona no se abandona
y es el único que no se abandona[18].

Nosotros, educados y formados para ser expertos en hacer, necesitamos entender un nuevo modo de esforzarnos, que deberá dirigirse al vaciamiento, para ser capaces de dejar actuar a Dios. Y este vaciamiento nos resulta singularmente difícil cuando va dirigido a despojarnos de la autosuficiencia individual.

¿Y cómo nos vaciamos? ¿Qué hacer? ¿Cuál es el ejercicio adecuado para vaciarse?

Proponemos diez ejercicios de calentamiento, similares a las tablas de ejercicios que hace el deportista.

1. La aceptación, el saber aceptar

No quiero ya vivir mi voluntad sino vaciar el corazón de mi voluntad, de cómo quiero yo que sean las cosas, de cómo he programado yo que lo sean, de cómo controlo yo los pasos, de cómo quiero que sean los demás, de cómo quiero que sea mi vida, de cómo quiero ser yo físicamente, de querer entender y saber todo antes de aceptarlo…

En primer lugar, se trata de aceptar la realidad. Parece fácil. Aceptar que mi abuela se ha muerto, aceptar que mi novia me

---

[18] Charles Péguy, *El misterio de los santos inocentes*, Encuentro, Madrid 1993, p. 15 ss.

ha dejado, aceptar que no tengo buen carácter, aceptar que mi casa no es el paraíso, aceptar que no soy muy listo, aceptar que soy muy listo… Sencillamente, aceptar la realidad, aceptar las cosas como son. Aceptarlas, además, sabiendo que las cosas son como son porque hay una voluntad de Dios. Aceptar que Dios, que me quiere, permite que las cosas sean así. Y si Él lo permite, yo también lo permito, y lo acepto pacíficamente. Es decir, no me rebelo contra las cosas como son.

En gran parte, cuando se habla de mortificación, pensamos en que se habla de no comer chocolate —algo fantástico, porque así no salen granos—. La mortificación cristiana no tiene su paradigma en meterse piedras en los zapatos. Con independencia del interés mayor o menor que puedan tener ese tipo de mortificaciones, la mortificación verdadera es la aceptación de la voluntad de Dios. Es irme despojando de mi voluntad, para amar la suya. Eso es vaciamiento.

Por otro lado, aceptar la voluntad de Dios que se me muestra en el prójimo. Nos vaciamos del capricho y de las preferencias personales, y nos lanzamos a estar exactamente en el lugar y en el momento en el que me necesitan otros, donde me quiere mi Dios, donde haga falta a los demás. Preguntarse delante de Dios: ¿qué es mejor?, ¿qué prefieres?, ¿dónde me necesitas? Vacío de mí mismo, dejo que los demás marquen mi agenda.

Aceptar lo que Dios me está pidiendo en el prójimo supone lucha y esfuerzo. Realizamos nuestra personal kénosis cuando aceptamos nuestra realidad personal, familiar, laboral, social y eclesiástica; cuando hacemos lo que nos están pidiendo las circunstancias que vivimos; cuando servimos a los que tenemos a nuestro alrededor, según espera Cristo de nosotros. Todo esto es aceptación.

Afirma santa Teresa de Calcuta: «El mejor medio para manifestar nuestro agradecimiento a Dios y a los demás es aceptarlo todo con alegría».

2. La liberación

Como acabamos de decir, la mortificación es muy buena, pero no consiste en contrariarnos, en pasarlo mal voluntariamente, o en hacer algo que nos cueste sin más. Mortificación es aceptar la voluntad de Dios, y mortificación es el camino de conquista de libertades.

Un ejercicio de kénosis es el de vaciarnos de esclavitudes para vivir libres, o al menos con una libertad cada vez mayor. Si queremos ser libres, busquemos algo que nos esté encadenando, y liberémonos. No tiene por qué ser algo importante: necesitamos ejercitarnos en liberación con cosas pequeñas —quitarnos los caprichos para ser capaces de negarnos cuando tengamos que hacer otra voluntad distinta a la nuestra—. Solo quien se ejercita se capacita.

Hay que detectar qué cadenas hacen que mi corazón sea esclavo —internet, la pereza, la sensualidad, las ideas fijas, la curiosidad, las manías, las costumbres, las rayadas, las comodidades...— para poder liberarnos de ellas.

Resulta sorprendente lo moderno, por ejemplo, del ayuno. De alguna manera, el ayuno es camino para liberarnos incluso de las necesidades naturales. El ayuno y la vigilia son tradiciones de nuestra familia cristiana que se buscaron de manera natural y enamorada, un camino que nos da señorío y libertad ante necesidades tan básicas como el comer y el dormir. Kénosis. Vaciarme es liberarme de muchas esclavitudes que tengo. «Yo es que necesito dormir siempre la siesta. Sin siesta, no soy persona»; «si no duermo ocho horas...»; «si no como cinco veces al día...». Todo eso está muy bien. Pero liberarse es liberarse de todo. No tengo por qué necesitar ocho horas; no tengo por qué necesitar comer siempre u oír música... Liberarse de todo es querer un alma libre y un cuerpo libre.

Cuando hablamos de libertad solemos mirar hacia fuera, hacia realidades externas que puedan limitarnos o constreñirnos. Hacemos bien en defender estas libertades, porque nuestra dignidad las merece y necesita. Sin embargo, es bueno caer en la cuenta de que el ámbito en el que más dignidad perdemos es en el interior de nosotros mismos.

Libertad, libertad, libertad... Neguémonos a cualquier cadena: «Si no tomo tres cafés, no me pongo a funcionar», «si no viajo en el asiento delantero en el coche, me mareo», «si no me echo la siesta, no rindo», «si no me desahogo criticando, es peor y me pongo nervioso», «si no hago lo que quiero, me agobio», «si no me excito sexualmente, no me puedo dormir», «si no veo el partido en la televisión, me pongo insoportable», «si no bebo hasta el puntillo, no me divierto»... Cadenas. ¡Mil cadenas que libremente permitimos que nos aten, de la mañana a la noche! Por supuesto, elegantemente sostenidas y razonablemente justificadas, y en muchos casos acompañadas de un alarde de sencillez y humildad: «Es que soy así». Sería mejor decir: «Me he encadenado así». Cadenas. ¡Muchas cadenas!

Es verdad que estas cadenas parece que nos hacen la vida más llevadera. Pero mientras no nos quitemos los andamios, los apoyos falsos a nuestra felicidad, no tendremos el espíritu de Cristo; solo vaciándonos podemos gozar de libertad, de la libertad que permite amar y ser amados con alta y sabrosa densidad, de la libertad que permite la entrada y el juego del Espíritu en nuestro espíritu.

Por lo tanto, proponemos como segundo ejercicio de vaciamiento el esforzarnos en la conquista de una libertad mayor librándonos de esclavitudes.

3. La piedad

> Joven, no te olvides de rezar. En cada oración tuya, si es sincera, verás refulgir un sentimiento nuevo y, con él, una idea nueva que antes desconocías y que te confortará. Y comprenderás que la plegaria es educación[19].

Así entiende Dostoyevski la plegaria. La piedad no consiste en hacer cosas, sino en crear un espacio en el que nos resulte posible abrirnos a sentimientos nuevos, a ideas nuevas, a fuerzas que no proceden de nosotros mismos. Rezar —«si la oración es sincera», puntualiza el autor ruso— es vaciarse para recibir.

La buena piedad es kenótica. Rezar nos educa. En la oración no vamos a hacer algo nosotros, vamos a *devolver*, a *agradecer*. La

[19] Fiódor Dostoyevski, *Los hermanos Karamázov*, Alianza Editorial, Madrid 2015, p. 513.

piedad nos educa y nos forma en la kénosis, en el vaciamiento de la autosuficiencia individualista.

Se puede ir a misa para cumplir una obligación, para hacer algo que está mandado, cosa que no deja de ser buena. Pero es algo más justo y sincero si acudimos con otra actitud: «Dios mío, gracias por venir; gracias por hacerte Pan; gracias por estar aquí. Quería devolverte el amor que me estás dando».

Si leo el evangelio todos los días, lo importante no es el pulso que estoy haciendo para lograr leerlo a diario —que también, porque necesito voluntad para leerlo—, sino la actitud: «Dios mío, gracias porque nos has dejado tu vida aquí en estos libros, libros que además están vivos, porque el Espíritu lo hace Palabra viva, performativa, que obra en mi interior si me abro a ella. Quiero que tu Palabra me ilumine, porque no quiero yo mi luz, sino tu luz». Quien contento celebra —«mira qué bien, que ahora leo el evangelio todos los días»— deberá estar atento a su actitud, advertir qué luz va a poder entrar en su alma: discernir si acude a la Escritura con un esforzado vaciamiento, abierto a escandalizarse por una luz divina que choca con la visión de los hombres, dispuesto a rendir su juicio dejándose educar de nuevo, atento a romper sus modos de ver... «Voy a leer el evangelio para vaciarme de mí, llenarme de su Palabra y cambiar mi criterio por el suyo».

La sincera piedad exige actitud de devolver, de agradecer a alguien que me está esperando, que se me está mostrando, a alguien que me busca y quiere habitarme. Es imprescindible esforzarse en la piedad para vivirla con deseo de vaciamiento.

A algunos los ejercicios de piedad les llenan más de sí mismos. Orgullosos y satisfechos por hacer por Dios lo que se habían propuesto, van empachándose de sí mismos, hasta el próximo traspiés que les dejará humillados y abatidos durante un tiempo. Estos albañiles de su propia santidad son heroicos coleccionistas de normas de piedad que ni gozan de Dios ni son transformados por su Espíritu. Sencillamente, sus ejercicios piadosos les llenan de sí mismos. Lucha y tensión son el aire que respira su corazón, y los altibajos marcan su trayectoria.

A otros, los ejercicios de piedad les llenan de Dios. Pueden fallar, olvidarse, ser inconstantes, estar inspirados o dormidos, pero en cada uno de esos actos de piedad el Espíritu de Dios les va tomando misteriosamente. En cada uno quieren vaciarse, devolver, agradecer, y —sorprendidos— no se acostumbran a tocar en cada norma de piedad la misericordia de un Dios bueno que les espera y que se les da. Contentos y avergonzados, agradecen ser esperados por todo un Dios. No les importa demasiado «hacerlo bien o mal»: les importa más lo que Dios hace por ellos. Y si se olvidan, se duermen o no se enteran, lo que sale de su corazón es un pacífico deseo: «Ojalá, Señor, eduques mi corazón para que Tú seas mi único gozo».

Resulta singularmente luminosa esta afirmación del Padre Pío:

> El Espíritu de Dios es espíritu de paz; incluso cuando pecamos gravemente, nos hace percibir un dolor tranquilo, humilde y confiado, debido precisamente a su misericordia. Por el contrario, el espíritu del mal excita, exaspera, y nos hace experimentar, cuando faltamos, una especie de cólera contra nosotros; y sin embargo, deberíamos ejercer hacia nosotros mismos la primera de las caridades. Cuando estás atormentado por ciertos pensamientos, esta agitación no proviene de Dios, sino del demonio; pues Dios, por ser espíritu de paz, te da la serenidad[20].

4. La humildad

Humildad es saber estar yo en mi sitio y dejar a Dios en el suyo. Humildad es vivir sabiendo que yo soy una criatura: sí, ¡una criatura! Dios es Dios, y yo soy criatura. El hecho de ser, lo he recibido; el ser como soy no es casual, sino permitido conscientemente por Alguien. Mis circunstancias no son una faena anónima o azarosa, sino que son consideradas por Alguien a quien importo. Las cosas que tengo las he recibido, y las tengo para devolverlas, las tengo en función de los demás.

La humildad es una postura. Cuando a uno se le muere un ser querido, puede enfrentarse a Dios, disgustado: «¿Por qué has permitido esto?». O puede saber que Dios es Dios, y que Él sabe más. Es posible el enfado, porque uno puede enfadarse con su

[20] San Pío de Pietrelcina, AdFP, 549, citado en *Magnificat* 149, pág. 379.

Padre, pero que sea un enfado filial, no encarado y desafiante, sino desde la humildad, donde uno termine diciendo: «Dios mío, Tú eres Dios, Tú sabes, yo no tengo ni idea, Tú eres bueno, en ti confío».

Dios es Dios, y Dios es bueno, y yo soy su criatura amada. No juzgo la bondad de Dios por lo que me pasa, sino que juzgo lo que me pasa a partir de la bondad de Dios.

Humildad es reconocer que aunque a mí me ocurran cosas que parecen fatales, Él sigue siendo bueno.

Dios es Dios, y Dios es libre. Ahora que tenemos una gran sensibilidad para respetar las libres decisiones de cualquiera, vayan en la dirección que vayan, sin embargo somos quizá más intransigentes e intolerantes con la libertad de Dios. Parece que si las cosas no son como yo las haría si tuviese su gran poder, debo concluir o que no tiene ese poder, o que no existe, o que es malvado. ¿No es posible que lo que realmente ocurra sea, simplemente, que yo no tengo ni idea de lo que es ser Dios, y que además ese Dios es muy libre de hacer las cosas como a Él le parezca mejor? ¿Es que me tiene que pedir permiso?

> ¿Quién midió a puñados los mares o calculó a palmos la dimensión del cielo, o puso en una anega el polvo de la tierra? ¿Quién pesó con la romana los montes y los cerros con la balanza? ¿Quién abarcó el espíritu de Yahvé y le aconsejó lo que había de hacer? ¿De quién se aconsejó para entender, para emprender la tarea adecuada? ¿Quién le enseñó la manera de discernir? (Isaías 39, 12-14).

En su kénosis, Cristo se rebajó dejando a un lado su categoría de Dios, pasando por uno de tantos. En nuestra kénosis, nosotros necesitamos vaciarnos dejando a un lado nuestras pretensiones de ser dioses, y aceptar que somos como uno de tantos.

Humildad es no pretender dar clases a Dios de cómo ser un buen Dios. Humildad es sentido común. Humildad es Verdad.

5. Confiar

Humildad es una postura, un modo de estar en la existencia, un modo de entenderse y entender lo que a uno le rodea. Confiar no es la postura, sino la acción que sigue a quien ha adoptado la postura de la humildad.

El acto de confiar supone esfuerzo. A veces se me plantearán situaciones que escaparán a mi comprensión y ante las que tendré que decir: «No sé por qué la Escritura, la Iglesia o tal persona con autoridad religiosa dicen tal o cual cosa. No lo sé, pero admito que es posible que la dificultad se encuentre en mí, es posible que no tenga la sintonía suficiente para captar esta enseñanza».

! Confío al leer la Biblia, y no la leo juzgándola, sino aprendiendo;
confío en la Iglesia y en sus enseñanzas,
y no la escucho juzgándola, sino aprendiendo;
confío en la acción del Espíritu, y no creo
que sea posible solo lo que me parece razonable,
sino que me parece posible todo lo que Dios desea;
confío en la gracia, y no pretendo guiar mi propio camino;
confío en la oración, y sé que Dios me escucha,
aunque no me envíe ningún acuse de recibo;
confío en la acción divina en cada sacramento,
y no solo lo valoro por la intensidad de los sentimientos
que despierta en mí; confío en la comunión de los santos,
y me apoyo en la fuerza de la Iglesia y de los santos
como una realidad que me soporta; confío en el poder
de la intercesión, y me entrego como holocausto por la salvación
de personas que viven en el pecado y en la lejanía de Dios;
confío en la compañía de los ángeles, y sé que no estoy solo,
y me abandono a sus favores y a sus cuidados.

Confío en la acción de Dios más que en lo que yo pueda hacer. Muchas veces confiamos hasta cierto punto. «A Dios rogando y con el mazo dando», solemos decir. De acuerdo, pero ¿no estaremos confiando más en el mazo que en el ruego…?

Teresa de Lisieux se ejercitó en la confianza, y la fue aprendiendo con ayuda de sus superioras, como ella misma cuenta:

> La oración y el sacrificio constituyen toda mi fuerza, son las armas invencibles que Jesús me ha dado. Ellas pueden, mucho mejor que las palabras, conmover los corazones. Muchas veces lo he comprobado. Entre todas las experiencias que he tenido de esto, hay una que me causó dulce y profunda impresión.
> Fue durante la Cuaresma. Yo me ocupaba por entonces de la única novicia que había, pues era su ángel. Una mañana, vino a mí toda radiante:

—¡Ah, si supierais, me dijo, lo que he soñado esta noche! Me encontraba al lado de mi hermana, intentando despegarla de todas las vanidades del mundo, a las que está tan asida. Para lograrlo, me puse a explicarle estos versos de vuestro cántico *Vivir de amor:* «¡Jesús, amarte es pérdida fecunda!/Tuyos son mis perfumes para siempre». Yo veía que mis palabras penetraban en su alma, y me sentía loca de alegría. Al despertarme esta mañana, se me ha ocurrido que tal vez Dios quiera que le conquiste esta alma. ¿Qué os parece, si la escribiese, después de la Cuaresma, para contarle mi sueño y decirle que Jesús la quiere toda para sí?

Yo, sin pensarlo más, le dije que podía muy bien intentarlo, pero que antes tenía que pedir permiso a nuestra Madre. Como la Cuaresma estaba aún lejos de tocar a su fin, vos, Madre amadísima, quedasteis muy sorprendida de semejante petición, que os pareció demasiado prematura. Y ciertamente inspirada por Dios, respondisteis que las carmelitas deben salvar a las almas, no con cartas, sino con *la oración.* Al conocer vuestra decisión, vi enseguida en ella la voluntad de Jesús, y dije a sor María de la Trinidad: «Pongamos manos a la obra, roguemos mucho. ¡Qué alegría, si *al final de la Cuaresma* nuestras oraciones fuesen bien acogidas!».

¡Oh, misericordia infinita del Señor, que tiene a bien escuchar las plegarias de sus hijos! *Al final de la Cuaresma,* un alma más se consagraba a Jesús. ¡Era un verdadero milagro de la gracia, milagro obtenido por el fervor de una humilde novicia!

El ejercicio ascético de vaciamiento es ir vaciándome de la confianza en mí mismo, de lo que está en mi mano y puedo controlar, para ir aumentando la confianza en Él, en el misterio de su Amor, en su poder y en su Verdad.

6. «Que me despellejen»

Amar al otro hasta dejarse la piel, amar al otro a la medida de sus necesidades. Y si el otro me pregunta: «Oye, ¿me ayudas en esto?», aunque me quede sin dormir, aunque me quede sin lo que tengo, darle todo lo que necesita de mí... Eso es vaciamiento.

La lucha es dejarse la piel cuidando a una madre anciana, auxiliando a un pobre que me encuentro en la calle, llevando a un amigo hasta su casa —que no me pilla de paso—, echando una mano a un compañero... Es decir a los demás: «Lo que necesites, aquí lo tienes». Ahí está la kénosis: está en pensar que no vivo para mí, sino para el otro; en creer que en mi vida manda más Jesús que yo; en vivir reconociendo que las necesidades de los demás priman sobre las mías... Todo eso son ocasiones de vaciamiento.

Cuenta el Cura de Ars que una madrugada en la que le despiertan para que vaya a atender a un moribundo de un pueblo cercano, cuando baja y le dan las gracias, les corrige: «No me deis las gracias. Todavía no he derramado mi sangre por vosotros».

7. La espiritualización del cuerpo

> Cuando acogemos la vida nueva, se abandona la conciencia de ese yo vinculado al cuerpo individual, cuerpo de muerte. En este acto no renegamos simplemente de nuestra vida destinada a la muerte, sino que adquirimos una participación en el modo de existencia de Cristo. Cristo, en el mismo acto en que vive la unión filial con el Padre, hace de su cuerpo de muerte un ofrecimiento, un sacrificio[21].

Participar en el modo de existencia de Cristo nos invita a vaciarnos de las mil necesidades que el cuerpo pretende imponernos. Amamos el cuerpo porque no es algo que simplemente tenemos: somos nuestro cuerpo. El valor de nuestro cuerpo es el mismo valor nuestro. Aunque nos ocuparemos del cuerpo en otro capítulo[22], solo queremos señalar que el progresivo vaciamiento de la animalidad inscrita en nuestro cuerpo es un camino de esfuerzo que nos permite crecer y seguir a Cristo. Así seremos capaces de hacer de nuestro cuerpo de muerte, como Cristo, un ofrecimiento, un sacrificio.

8. La interioridad

Vivir con interioridad es vivir con aire en el corazón. Para tener interioridad necesitamos vaciar: vigilar todo aquello que nos quita el aire para respirar hondo dentro de nosotros mismos, para vivir la vida desde nuestro propio centro, para vivir lo de fuera desde dentro... «Que las redes sociales no me tengan en conexión continua, que la televisión esté en su sitio, que no me acueste y me levante mirando el primer y el último mensaje de Whatsapp del día»... ¡Nos ahogan mil cosas! Todo ese *ruido* ahoga la vida del alma. Así no hay posibilidad de que entre el Espíritu; bueno, ni el Espíritu ni casi nada. ¡Solo hay ajetreo!

---

[21] Marko Iván Rupnik, *Veo una rama de almendro*, ed. Encuentro, Madrid 2008, p. 25.

[22] El capítulo «La espiritualización de nuestro cuerpo».

Necesitamos ejercicio y lucha firme para frenar las redes sociales, para controlar las distracciones, para disminuir el ruido, para conseguir ratos de soledad, para ir por la calle simplemente silbando, sin prisa interior. Necesitamos favorecer la interioridad, el silencio interior, la calma, la tranquilidad…

Vamos siempre con prisas… Cargamos nuestra agenda de mil compromisos… Cuando llega el fin de semana salimos hasta las tantas, nos levantamos tarde, quedamos con los amigos a jugar al pádel, el lunes empezamos a trabajar a las ocho en punto… ¿Cómo podemos vivir así? ¡Vamos acelerados a todas partes!

Favorezcamos con esfuerzo la interioridad y la paz. Perdamos el miedo a aburrirnos. No busquemos el cumplimiento de todo lo que se nos ocurre. Dejemos sitio al deseo y a la espera, esas dimensiones humanas que vividas en la interioridad son apasionantes, y fuera de ella se convierten en el enemigo a neutralizar.

9. Vivir en la Iglesia

Buscar el vaciamiento al introducirnos en la vida de la Iglesia, al ser parte de la comunidad cristiana. No es posible ser Iglesia sin lucha. Tenemos que esforzarnos por darnos a la comunidad, entregarnos a aquellos con los que compartimos la fe. Podemos comprometernos a sacar adelante cualquier actividad que le vaya bien a nuestra comunidad —hacer un voluntariado, hacernos cargo de la contabilidad o de la limpieza, dar catequesis—; podemos rezar por los demás y estar pendientes de lo que necesita cada uno; podemos orar juntos y hacer adoración todos unidos… En definitiva, se trata de vivir de la comunidad y para la comunidad.

Vivir en la Iglesia supone también vivir de los sacramentos. Joseph Ratzinger apunta la necesidad de entrar en esta dinámica del vaciamiento —«perder la vida»— para recibir los sacramentos:

> Los sacramentos de la Iglesia son, como la Iglesia misma, el fruto del grano de trigo que muere. Para recibirlos, debemos entrar en el movimiento mismo del que ellos provienen.
>
> *Este movimiento consiste en perderse a sí mismo, sin lo cual uno no podría encontrarse*: «Porque quien quiera salvar su vida la perderá;

pero quien pierda su vida por mí y por el evangelio, la salvará». Esta palabra del Señor es la fórmula fundamental de la vida cristiana; la forma característica de la vida cristiana está en la cruz.

La apertura cristiana al mundo, tan preconizada en nuestros días, solo puede hallar su modelo en el costado abierto del Señor, expresión de este amor radical, la única capaz de dar salvación [23].

Priorizar la unidad en la Iglesia y la unidad de la comunidad exige un heroico ejercicio de kénosis, de vaciamiento personal, para preservar y alimentar la vida del grupo.

10. La alegría

«Un corazón alegre es el resultado lógico de un corazón ardiente de amor. Los pobres se sentían atraídos por Jesús porque en Él habitaba algo mayor que Él, irradiaba esta fuerza a través de sus ojos, sus manos, por todo su cuerpo. Todo su ser manifestaba la entrega de sí mismo a Dios y a los hombres», enseña santa Teresa de Calcuta[24].

Ella lo aprende de Jesús, y lo vive ella misma. Transcribo la nota que escribe a su director espiritual, en la que habla de su alegría, alegría que resulta de su corazón ardiente de amor, alegría esforzada, alegría dentro del movimiento kenótico de su alma, alegría íntima en medio de los mayores sufrimientos por la oscuridad en la que vivía esos años. Basta leerla para saber de qué hablamos:

Asunto de confesión

En las tinieblas…

Señor, Dios mío, ¿quién soy yo para que Tú me abandones? La niña de tu amor —y ahora convertida en la más odiada—, la que Tú has desechado como despreciada, no amada. Llamo, me aferro, yo quiero y no hay nadie que conteste; no hay nadie a quien yo me pueda aferrar. No. Nadie. Estoy sola. ¡La oscuridad es tan oscura y yo estoy sola! Despreciada, abandonada. La soledad del corazón

[23] Joseph Ratzinger, "Meditaciones de Semana Santa", 1969.
[24] "No hay amor más grande". Citado en Magnificat 149, p. 401.

que quiere el amor e insoportable. ¿Dónde está mi fe? Incluso en lo más profundo de mi interior no hay nada, sino vacío y oscuridad. Dios mío, ¡qué doloroso es este dolor desconocido! Duele sin cesar. No tengo fe. No me atrevo a pronunciar las palabras y pensamientos que se agolpan en mi corazón y me hacen sufrir una agonía indecible. ¡Hay tantas preguntas sin respuesta que viven dentro de mí! Me da miedo descubrirlas a causa de la blasfemia. Si Dios existe, por favor, perdóname. Confío en que todo esto terminará en el cielo con Jesús. Cuando intento elevar mis pensamientos al cielo, hay un vacío tan acusador que esos mismos pensamientos regresan como afilados y me hieren el alma. Amor... la palabra no significa nada. Se me dice que Dios me ama y, sin embargo, la realidad de la oscuridad, de la frialdad y del vacío es tan grande que nada mueve mi alma. Antes de que comenzara la obra —la fundación de la orden— ¡había tanta unión, tanto amor, tanta fe, tanta confianza, tanta oración y tanto sacrificio! ¿Me equivoqué al entregarme ciegamente a la llamada del Sagrado Corazón? La obra no la pongo en duda, porque estoy convencida de que es suya y no mía. En mi corazón no hay el más mínimo pensamiento o tentación de atribuirme algo de la obra.

Todo el tiempo sonriendo... Las Hermanas y la gente hacen comentarios de este tipo. Piensan que mi fe, mi confianza y mi amor llenan todo mi ser y que la intimidad con Dios y la unión a su voluntad impregnan mi corazón. ¡Si supiesen que mi alegría es el manto con el que cubro el vacío y la miseria!

A pesar de todo, la oscuridad y el vacío no son tan dolorosos como el anhelo de Dios. Esta contradicción, me temo, va a desequilibrarme. ¿Qué estás haciendo, Dios mío, con una mujer tan pequeña? Cuando pediste imprimir tu Pasión en mi corazón, ¿era esta la respuesta?

Si esto te trae gloria, si Tú obtienes de esto una gota de alegría, si esto te lleva almas, si mi sufrimiento sacia tu Sed, aquí estoy, Señor; con alegría acepto todo hasta el final de la vida y siempre sonreiré a tu Rostro Oculto[25].

---

[25] Teresa de Calcuta, *Ven, sé mi luz,* ed. Planeta Testimonio, 2009, pp. 231-232.

5 ESTAMOS DESINTEGRADOS

Resulta desconcertante tropezarse con personas de prestigio que se proponen algo ridículo —como no comer dulce, o no morderse las uñas, dejar el tabaco o dominar su instinto sexual— y que son incapaces de conseguirlo. Esta experiencia muestra a las claras que no resulta tan pacífico al hombre hacer lo que desea hacer.

Hace muchos siglos, Platón enseñaba a sus discípulos que algo debió suceder en la historia del hombre que fue causa de una ruptura en el propio hombre, hecho que tuvo como consecuencia ciertos desajustes, siendo el más significativo el que lo inferior del hombre no esté sometido a lo superior —que el cuerpo no esté al servicio del espíritu, ni el entendimiento por encima de los instintos—. A esta situación se la llama, en filosofía, *desintegración*.

Un ser está integrado cuando sus muchos elementos guardan orden y proporción al servicio de la unidad. Muchos elementos que se integran en uno solo... Voy a utilizar un ejemplo impropio, pero gráfico: en la habitación en la que ahora me encuentro hay dos ventanas, varios sillones, un techo y cuatro paredes, una puerta, una mesa, una alfombra y un ordenador. Todos ellos son elementos de un cuarto de trabajo. Estos elementos están integrados, pues cada uno está en su lugar y al servicio de que a este lugar se pueda acceder con facilidad y trabajar a gusto. Otra cosa sería si la puerta estuviese en el techo, la alfombra en una pared, el hueco de la ventana en el suelo y la lámpara debajo de la alfombra: en este caso los elementos estarían, pero estarían desintegrados.

Lo que observa Platón, y con él cualquiera de nosotros, es que los humanos estamos desintegrados. Las religiones ofrecen explicaciones al origen de este hecho. Los cristianos sabemos por las Sagradas Escrituras que el hecho al que hace referencia Platón sí que existió: al inicio el hombre estaba integrado pero, ejerciendo su libertad, desconfió de Dios e introdujo el desorden. A partir de entonces los hombres nacemos con cierta desintegración.

De entrada, las relaciones están desajustadas

La desintegración que arrastra el hombre afecta a sus principales relaciones: con Dios, con los demás, con uno mismo y con la creación.

En nuestra relación con Dios, le vemos como una amenaza más que como un Creador bueno y desinteresado. El grito de los últimos Papas, «No tengáis miedo», es el grito que nos dirigen para que reaccionemos y nos abramos a Él, que no nos quiere quitar nada de lo que necesitamos para ser felices.

En nuestra relación con los demás, ¡con qué facilidad les tratamos como rivales, clientes, personas manipulables! Hacemos del trabajo un pedestal en el que recoger reconocimientos y triunfos, una plataforma para conquistar poder o adquirir todo el dinero posible… en lugar de un modo de servir a la sociedad.

En la relación con nosotros mismos, con frecuencia nos maltratamos, no nos cuidamos íntegramente, nos fustigamos con comportamientos autodestructivos y nos flagelamos con pensamientos negativos.

Es fuerte experimentar que quiero una cosa, pienso otra, siento otra distinta e incluso al final termino haciendo una diferente a las tres anteriores. Esta división interna dentro de nosotros mismos es incómoda y desconcertante: la cabeza nos tira por un lado, la voluntad por otro, la apetencia por un tercero y la presión del ambiente por otro completamente distinto. Nos experimentamos como seres fragmentados.

Somos monstruos

Somos así. Este es el punto de partida. Dámaso Alonso lo recoge con dureza en su poema que titula "Monstruos":

> Todos los días rezo esta oración al levantarme:
> Oh Dios,
> no me atormentes más.
> Dime qué significan
> estos espantos que me rodean.

Cercado estoy de monstruos
que mudamente me preguntan,
igual, igual, que yo les interrogo a ellos.
Que tal vez te preguntan,
lo mismo que yo en vano perturbo
el silencio de tu invariable noche
con mi desgarradora interrogación.
Bajo la penumbra de las estrellas
y bajo la terrible tiniebla de la luz solar,
me acechan ojos enemigos,
formas grotescas que me vigilan,
colores hirientes lazos me están tendiendo:
¡son monstruos,
estoy cercado de monstruos!

No me devoran.
Devoran mi reposo anhelado,
me hacen ser una angustia que se desarrolla a sí misma,
me hacen hombre,
monstruo entre monstruos.
No, ninguno tan horrible
como este Dámaso frenético,
como este amarillo ciempiés que hacia ti clama
con todos sus tentáculos enloquecidos,
como esta bestia inmediata
transfundida en una angustia fluyente;
no, ninguno tan monstruoso
como esa alimaña que brama hacia ti,
como esa desgarrada incógnita
que ahora te increpa con gemidos articulados,
que ahora te dice:
«Oh Dios,
no me atormentes más,
dime qué significan
estos monstruos que me rodean
y este espanto íntimo que hacia ti gime en la noche».

Vivir es recorrer un camino en el que se me abre un proyecto: alcanzar la unidad para ser yo mismo. Un camino de esfuerzo y conquista que me procurará, progresivamente, mayor libertad. Recuperar unas sanas relaciones con Dios, con los demás, conmigo mismo y con la naturaleza es el reto que se me presenta y en lo que consiste la buena vida y que procura la mayor felicidad.

Parece sencillo aceptar esta realidad, pero pienso que es de las más difíciles que se nos presentan. Lo negamos de muchas maneras, al avergonzarnos asustados, al disimular y justificarnos, al culpabilizarnos…

Avergonzarse. Es normal asustarnos las primeras veces que nos asomamos a nuestro interior. Nos avergüenza tremendamente encontrar en nosotros sentimientos de envidia hacia alguien a quien pensábamos que queríamos, mentiras para hacer daño o para hacer creer lo que no es verdad, pasiones bajas que nos dominan, o mil monstruosidades más que uno jamás hubiese imaginado que pudiesen ser suyas.

Disimular. Entonces, si aceptamos que en nosotros hay lo que hay, reaccionamos disimulando. Disimulamos con la mentira y la hipocresía. No queremos que se sepa lo que hemos encontrado en nuestro interior. Nos quedamos dentro de nuestro armario sucio, que no responde a lo que pensábamos de nosotros mismos, y tratamos de hacer ver que somos de otra manera. Sabemos cómo somos, y queremos que los demás piensen que somos como nos gustaría ser. Esta forma de vivir crea tensiones que nos dañan: la doble vida no es sana. Por este camino no se alcanzan la unidad y libertad propias de la persona feliz.

Justificarse. Otra posibilidad del asustado es no aceptar que eso está ahí dentro. Entonces no disimulamos, sino que nos excusamos. Justificarse es querer defender la postura de que yo soy justo, y si en mi corazón he encontrado algo negativo, haré el esfuerzo de llamarle de otra manera. Entonces, a la pereza la llamo espíritu sosegado, a la impaciencia la llamo ilusión de emprendedor, a la falta de esfuerzo la llamo que no me gusta la tensión…

Culpabilizar. Otra posibilidad es aceptarlo, pero buscar un culpable que no sea yo. Cuesta admitir que el pan es pan y el vino es vino, pero se hace más llevadero si puedo decir que eso lo ha metido otro en mí y que yo no lo quiero, pero que otros son los culpables.

Todas estas reacciones no permiten vivir la propia vida. Y todas parten de un planteamiento equivocado: el desconocimiento de que el punto de partida de nuestra existencia es que estamos desintegrados.

Las dos piernas con las que partimos

La respuesta que el cristianismo da a esta situación actual es la siguiente: Dios hizo un mundo bueno e integrado. El hombre disfrutaba en la creación (era un jardín, dice el Antiguo Testamento, haciendo referencia al orden que reinaba), su relación con los demás era ordenada (iba desnudo, sin que eso desatase pasiones incontroladas), su relación con Dios era de confianza absoluta (se cruzaba con Dios por el jardín), era fiel a sí mismo y se amaba (se sabía hecho a imagen y semejanza de Dios). De esta manera sublime la Escritura nos da a entender, con sencillas imágenes, la situación inicial de los primeros hombres.

Ellos mismos fueron quienes no supieron hacer buen uso de su libertad, abusaron de la confianza, sospecharon de Dios instigados por el espíritu maligno, y rompieron el orden. Este es el momento en el que el hombre provocó la desintegración. Más tarde, Cristo vendría para darnos a cada uno la posibilidad de recuperar la integración personal, y para divinizarnos.

Apuntamos brevemente el origen del desorden para recordar que los únicos responsables de aquel acto al que llamamos pecado original fueron quienes lo cometieron. Los descendientes de aquella ilustre pareja, a quienes reconocemos como Adán y Eva, simplemente somos herederos de esta situación creada por ellos.

Conocer estos hechos nos hace conscientes de nuestra inocencia con respecto a nuestra monstruosidad. Aceptar pacíficamente mi desorden y mi situación de pecado es fundamental para vivir esta realidad con paz. No soy culpable, es una situación de hecho: soy un monstruo.

Pero tan verdad como esta realidad lo es que Dios me ama, y me ama tal y como soy; no tengo que ser distinto para recibir de Dios la mirada de Padre encariñado; Dios Hijo tiene por mí un amor más grande que su horror a la cruz: por eso llegó a morir en ella. Y se hizo hombre para que nosotros pudiéramos ser dioses.

Jesucristo se implica conmigo para que sea capaz de vivir de acuerdo a mi verdad más íntima, a pesar de estar desintegrado. En Dios encontramos un cómplice de nuestra felicidad, que alcanzamos en la unidad y libertad. Ver a Dios como enemigo es uno de los principales engaños que puede sufrir el hombre —y que sufre con demasiada frecuencia—.

Qué es vivir

Ahora bien, que este sea el punto de partida no significa que deba ser el punto final. La vida es principalmente el camino personal que cada uno recorre para construir lo prometido en su verdad originaria: «Sé lo que eres» es el mandato inscrito en el corazón del hombre. Este es el camino por el que cada hombre conquista la propia libertad y recupera la integración y unidad personales.

Cuando Jesús dijo a los judíos que le escuchaban con curiosidad que Él era la libertad, y que quería hacerles libres, aquellos escribas y fariseos se enfadaron porque tenían a gala que el pueblo judío era un pueblo libre. ¡Como si la libertad se limitase a la libertad política! Ser libre no es ser miembro de una sociedad con un estado de derecho. La libertad pública es valiosa, pero también es una libertad social que otros han conquistado para nosotros. La libertad de la que les —nos— habla Cristo es la libertad personal. Viene a liberarnos de la desintegración que padecemos y nos tiene sujetos. Viene a liberarnos de los miedos a la propia monstruosidad. Viene a que la monstruosidad sea nuestra belleza[26].

Tengo un Dios que se implica conmigo

Un día orando, al experimentar mi división interior, me venía a la cabeza una de las mil historias de un buen amigo de mis

[26] Este aspecto lo trataremos con más detenimiento en el capítulo "¡Santos ya!".

años de universidad. Le encantaban los coches, y sobre todo correr y arriesgar. Tenía un Citroën con mucha suspensión. Nos contaba que un fin de semana había ido con su abuela al campo. A su abuela la sentó en el asiento trasero. El objetivo que se propuso era conseguir que la peluca se separase de la cabeza de su abuela. Enfilaba rectas con buenos baches, observaba por el retrovisor y, tras varios intentos, dice que lo consiguió.

En la oración me veía igual que esa abuela. Tras decirle al Señor que le amo, que me gustaría lo que fuese con Él, y tantas palabras y sentimientos íntimos de pertenecernos mutuamente que vivo en la Misa, resulta que salgo y a lo largo del día no me acuerdo de Él, o siento de modo distinto a lo que con Él sentía, o pienso que a mi prójimo le cortaría el cuello. Puedo tener unas ideas sobrenaturales con las que estoy muy a gusto y de acuerdo, y al cabo de un rato puedo tener las contrarias. Esto es fácil escribirlo, pero vivido crea una insatisfacción brutal que me llevaba a pensar: «¿Qué me pasa? ¿Es mentira todo lo que le decía antes?».

Advierto que en mi interior aparecen cosas contradictorias. Me doy cuenta de que me ocurre como a la abuela de mi amigo: el pelo que llevo no es mío, no es mi pelo; estoy dividido, hay desintegración, la peluca se me despega... Y le digo a Dios: «Ya se ve, Señor, que Tú no eres tan mío como yo creía, ni yo tan tuyo como deseo. Todavía, como una peluca, puedo separarte de mí mismo. Te pido que me concedas la unidad: que el pelo sea mío, que mis pensamientos sean míos, que la oración sea mía, y que lo que yo quiero sea mío. Pero me doy cuenta de que todavía no estoy integrado, todavía sufro divisiones internas en mí que son muy grandes».

Estos momentos de desconcierto y aceptación de nuestra propia verdad aprendemos, entonces, a vivirlos con satisfacción y con un gran deseo de ser salvados y liberados por Jesucristo: «Todavía te queda trabajo conmigo, pero dame la unidad. Que seas más mío, que yo sea más tuyo. Que los dos seamos uno. Me gustaría que nada tuyo fuera postizo en mí. Todavía no somos uno. Quiero estar injertado en ti, y tener tu misma Vida».

La madurez

Es importante no olvidar estas verdades acerca de quiénes somos. Con frecuencia pensamos que somos ángeles; ahí sí que estamos fastidiados. Somos humanos, y como humanos, hijos de Adán y Eva. Estamos desintegrados, pero tenemos que vivir con mucha paz, sabiendo cómo somos.

Cuando experimento que me apetece lo malo y que lo bueno me da pereza, no pasa nada. Es una buena ocasión para recordar que soy así, al tiempo que me dirijo a mi Dios: «Pero, Dios mío, libérame, Tú que eres mi salvador». Y cuando a uno le apetece lo bueno y lo malo le repugna, vuelve la mirada a ese buen Dios: «Oye, mi Dios, gracias porque me estás ayudando a alcanzar un cierto grado de gracia: me veo más integrado, me siento menos dividido. Cada vez eres menos peluca y más pelo propio».

La madurez y la santidad de una persona se manifiestan en una creciente integración: se disfruta de una gozosa unidad de manera espontánea.

En la medida en que es lo mismo *lo que quiero*, *lo que pienso* y *lo que hago*, avanzo en el proceso de madurez. Conviene trabajar en esta línea, y pedir a Dios su auxilio: «Que Tú no seas postizo, que el amor a los demás no sea postizo, que el deseo de servir no sea postizo, que todo lo que digo aquí y realmente quiero no sea postizo, que no sea peluca».

¿Cómo trabajar por esta integración?

Los ocho ámbitos

Nuestra vida se mueve en distintos ámbitos o dimensiones. Me gustaría distinguir ahora ocho dimensiones de nuestra existencia que deben estar integradas en nuestra vida:

1. Dios
2. familia
3. vida de pareja
4. amigos

5. estudio o trabajo
6. lectura, actividades culturales
7. deporte (hobby o actividad en la que disfruto y descanso)
8. personas que sufren por pobreza, marginación o enfermedad

Estas dimensiones de nuestra vida deben estar presentes sin permitir que unas invadan a otras. Imaginemos que un amigo le dice a otro: «Oye, Juan, ¿qué tal estás?». Y que el amigo le responde: «Pues bien, pero no tengo tiempo: estoy trabajando mucho y no hago deporte. ¡Es que no tengo tiempo!». Muchas veces con este tipo de respuesta lo que busco es una palmada en la espalda, despertar cierta compasión, hacerme la víctima, pero puede que lo que escondan mis palabras sea una auténtica pereza para esforzarme y hacer deporte. Si es así, si es por pereza, sería bueno reconocerlo. Pero si es verdad, y no tengo tiempo por culpa del trabajo, un buen amigo debería decirme: «Tienes un problema, eres un desintegrado».

Estas ocho áreas deben crecer todas unidas y de manera orgánica. Si descuidamos una, no pasa nada, pero debemos proponernos arreglar la situación en seguida, porque hay una dimensión de mi existencia que está siendo pisoteada por otra.

Si porque tienes novia no ves a los amigos desde hace meses, reacciona. Si trabajas muchísimo y a tu familia la descuidas, reacciona. Si estás con tus amigos pero a Dios no le dedicas tiempo, reacciona. Si no lees ni te cultivas porque todo el tiempo libre que tienes lo dedicas al deporte, reacciona. Si nunca descansas, te romperás. Si te resultase imposible dedicar tiempo a los necesitados, dejarás de pisar suelo —si es que no estás ya en las nubes—, perderás la conciencia de quién eres y no te situarás correctamente en la vida.

Es lógico que tengamos tendencia a privilegiar unas dimensiones de nuestra vida y a descuidar otras. Esa tendencia es normal. Sin embargo, nuestras decisiones libres deben ir dirigidas a ir integrando. Cada dimensión favorece al resto, porque todas ayudan a que yo sea una persona integrada y equilibrada. Es bueno elaborar la agenda teniendo en cuenta todas las dimensiones:

— Rezar todos los días: muchos estudios recomiendan dedicar todos los días unos minutos al silencio.
— Dedicar todos los días un tiempo largo a conectar con la transcendencia, con Dios, es vital para la vida del alma. Es decir, sin silencio interior es muy difícil que todo lo demás esté ordenado.
— Cuidar a la familia.
— …

Vamos a tratar de vivir con serenidad nuestra desintegración de partida, tratando de madurar con nuestro esfuerzo y esperando la liberación de Cristo. Así viviremos un proceso humano y divino de sanación que nos hará hombres capaces de una gran felicidad, hombres muy hombres y muy dioses al mismo tiempo.

Sea cual sea nuestra piedra de tropiezo, todas ellas nos ofrecen la experiencia de nuestra debilidad, y esta experiencia es el fundamento de la más profunda sabiduría y el inicio de nuestra más radical grandeza: «¡sabernos irremediablemente débiles es lo único que puede abrirnos a la acción de Dios!».

6 NECESARIAMENTE DISFRUTONES

En el mismo código de barras del ser humano se encuentra el deseo de felicidad. La vida es un proyecto en el cual necesitamos ser felices; esa búsqueda de la felicidad está marcada por una palabra muy interesante que expresa un deseo del corazón: *saciarse*.

! No queremos ir tirando, por naturaleza no somos conformistas, no nos llena cualquier cosa.
Experimentamos un deseo de más y más hasta quedar satisfechos.
Vivimos con una sed que busca ser saciada.
Estamos satisfechos y dejamos de desear cuando nos saciamos.
El hombre es constitutivamente un sediento que busca saciar su sed.

Cristo conoce nuestra condición humana, y por eso contempla la felicidad en el programa de vida que propone a sus discípulos:

> Dichosos los pobres porque vuestro es el Reino de los cielos,
> dichosos los que tenéis hambre, porque quedaréis **saciados**,
> dichosos los que ahora lloráis porque reiréis,
> dichosos vosotros cuando os excluyan, os insulten
> y proscriban vuestro nombre como infame por causa del hijo
> del hombre; alegraos y regocijaos porque vuestra recompensa
> será grande en el cielo…

Y después de hablar de distintas formulaciones de felicidad o dicha, continúa:

> Ay de vosotros los ricos porque ya tenéis vuestra recompensa.
> Ay de vosotros los **saciados,** porque tendréis hambre.
> Ay de los que ahora reís, porque lloraréis...

Dos veces habla de la saciedad en este contexto de contraposición de la vida de aquí y la vida futura. La primera, «Dichosos los que tenéis hambre porque quedaréis saciados», la segunda: «¡Ay de vosotros los que ahora estáis saciados, porque tendréis hambre!». Es decir, parece que ofrece dos alternativas: pasad hambre ahora y esperad a saciaros en la otra vida, o bien quedad saciados en la tierra, pero tendréis hambre después.

Sin duda, eso nos lo dice y enseña, pero pienso que Cristo nos enseña mucho más. Este texto se enmarca en un contexto escatológico —la vida del más allá—, pero como el Reino de los Cielos está ya entre nosotros, aquí en esta vida, también es aplicable su enseñanza a la vida de cada uno.

El Señor nos señala una ley humana, una dinámica de acontecimientos: buscamos saciar hambres, pero hay trampas y no siempre se sacian —ni de cualquier modo—.

Sed/ saciedad/ exceso/ frustración

Buscando saciar nuestra sed, experimentamos cierto alivio, gusto o satisfacción con algunas actividades concretas. Sin embargo, a pesar del alivio, nos quedamos con ganas de más.

Algunas personas obtienen cierta satisfacción con la comida, otras con la bebida, con el sexo, con el dinero, con las salidas, con el trabajo o con cualquier otra actividad. Y persiguiendo la plenitud, en ese *más y más*, con frecuencia aumentan la cantidad y caen en el exceso.

Un ejemplo. Nos servirá un dicho del mundo clásico enunciado en latín: *post coitum, animal triste* («una vez realizado el coito, el animal se queda triste»). En el mundo clásico —griego y romano—, el encuentro sexual se consideraba un acto mediante el cual el hombre se transcendía y entraba en contacto con la divinidad. Por ese motivo en los templos había prostitutas sagradas; en las ruinas del templo de Corinto es espectacular el enorme recinto en el que vivían estas mujeres, que alcanzaban el número de dos mil. Ellas posibilitaban a muchos hombres el vivir la experiencia divina. Sin embargo, a pesar de todo, sabían que *post coitum, animal triste*: se acaba el acto y lo que queda es frustración; bajo de la nube, y a fastidiarme otra vez.

Tratamos de arreglar esa saciedad del momento que nos deja insatisfechos, o mejor, esa saciedad que nos deja cierto sabor a frustración. ¿Cómo? Pues aumentando el número de veces, reduciendo la distancia entre una y otra, añadiendo intensidad... De ese modo, volvemos a conseguir un estado de excitación o de trascendencia de nosotros mismos en el que estamos felices, o por lo menos a gusto. Lo mismo que ocurre con el coito, ocurre con las horas de trabajo, con los éxitos, con el dinero —como quien ha robado millones de euros que no podrá gastar en toda su vida, y sigue robando—, las salidas —hasta las 12, hasta las 2, las 4 o las 6—. Pero por más veces que repitamos, por más que lo alarguemos, a continuación siempre seguirá una cierta frustración. Nuestra experiencia nos dice que el exceso nos deja incluso más insatisfechos, que no nos sacia en absoluto. Así nos esclavizamos y nos creamos problemas. El exceso nos resulta dañino y no logramos evitar la frustración.

Siguiendo con el símil de la sed, podríamos decir que de esta manera pretendemos saciarnos bebiendo en charcas; el agua de la charca alivia y satisface, pero no sacia. Es cierto: puede relajarnos casi todo, lo podemos pasar más o menos bien con cualquier cosa, pero no nos sacia cualquier cosa. Y cuando lo natural de la vida deja de ser suficiente para estar a gusto y satisfechos, buscamos ayuda en la química, el alcohol, prácticas sexuales más barrocas, la droga... que nos ayudan a subir nuestro tono vital. Como nuestra vida real no nos sacia, buscamos el modo de trasladarnos a un mundo irreal. En el fondo, es una búsqueda de saciar la sed en charcas, que lleva a nuevas charcas que prometen saciar.

Tenemos sed, buscamos la saciedad, caemos en el exceso, cosechamos frustración.

Cuatro reglas del arte de disfrutar

Nuestra ascética, la ascética que proponemos, no invita al rechazo de los placeres, sino a aprender a disfrutar. «La verdadera ascética no es renuncia y mortificación, sino aprendizaje en el arte de hacerse humano y en el arte de disfrutar»[27].

---

[27] Anselm Grün, *Una espiritualidad desde abajo*, ed. Narcea, 2000, pág 85.

Claramente, esta ascética es un camino a recorrer. Sugerimos cuatro reglas:

1. Dialogar con los impulsos que nos llevan al exceso

Cuando nos metemos en estos comportamientos, es bueno *dialogar* con nuestros impulsos. Reprimirlos no es la mejor de las salidas, ni garantiza el éxito. Mejor será preguntarse por qué me gusta tanto comer, qué busco en el sexo, qué hay detrás del ansia por salir hasta la extenuación… Si dialogando conseguimos ponernos en contacto con nuestras apetencias, seguramente podremos corregir los desórdenes.

En ese diálogo con nuestros impulsos advertiremos en seguida muchas verdades:

1. Reconoceremos que satisfacer el deseo de saciedad no es fácil, porque el deseo que yo tengo es infinito.

2. Nos daremos cuenta de que hay dos sedes o dos hambres: la del cuerpo y la del corazón. El hambre del cuerpo se sacia con tierra y el hambre del corazón se sacia con realidades espirituales.

3. Comprenderemos que no es cuestión de cantidad, sino de calidad. Las charcas, por grandes que sean, nunca me saciarán: necesitamos el mismo mar.

> Como busca la cierva
> corrientes de agua,
> así mi alma te busca
> a ti, Dios mío;
>
> tiene sed de Dios,
> del Dios vivo:
> ¿cuándo entraré a ver el rostro de Dios?
>
> Las lágrimas son mi pan
> noche y día,
> mientras todo el día me repiten:
> «Dónde está tu Dios?»[28].

---

[28] Salmo 41.

2. No es cuestión de cantidad sino de plenitud en cada acto

A quien realiza el acto sexual del modo que merece ser realizado, un solo acto le generará una satisfacción personal difícilmente igualable, que no dejará molestia ni frustración, sino plenitud. Cuando la sexualidad misma se encuentra transida del espíritu, y los espíritus se tocan en el cuerpo, la sexualidad nos trasciende, genera y expresa amor por el otro, y nunca deja triste sino saciado. La saciedad no se alcanza aumentando la cantidad, sino buscando otro modo de vivir lo que se vive.

Tomarse bien una buena copa, como merece ser tomada, no tiene nada que ver con un alcohol comprado en un chiringuito, bebido en vaso de tubo de plástico con hielo de pescadería… Una buena copa no tiene nada que ver con las que se toman en algunos juegos que llevan a la cantidad por la cantidad, como el quinito. Más que una buena copa, la bebida sirve para «reventar» la noche. Y sin embargo, en el fondo sabemos que una copa no nos va a saciar…ni diez sacian más que una... ni veinte más que diez… No es cuestión del número de copas, sino de saber beber bien.

Vale la pena fijarse en las filas de ansiosos que antes de las diez de la noche salen de centros comerciales con bolsas cargadas de cantidad de botellas que llevan a los parques… Sus gestos se parecen más a los de las vacas que adivinan que llega el camión del pienso que a los del degustador de exquisiteces.

Queremos saciarnos, pero no lo conseguiremos abrevando en charcas. Descubriremos otra forma de vivir cuando busquemos la plenitud en cada uno de nuestros actos

3. No buscar en las cosas lo que no me pueden dar

En gran parte, disfrutar o frustrarse depende de nuestras expectativas. Necesitamos corregirlas continuamente.

Es un error esperar de algo lo que no te puede dar. *La necesidad de infinito de nuestro corazón jamás quedará saciada con algo terreno.* Esta afirmación no es tan obvia como aparenta: la publicidad nos promete ver el mundo distinto si compramos ciertas gafas, o gustarnos más si adelgazamos, o tener experiencias de plenitud conduciendo un coche determinado… Quizá nos parezca ridículo, pero esa mentalidad la acabamos extendiendo a otros ámbitos.

Terminamos pidiendo peras al olmo: «Si salgo con este chico seré feliz, y si viajo a tal lugar o hago ese Erasmus, si me compro no sé qué o si consigo no sé qué otro»... Todo cosas fantásticas, pero son peras —¡buenas peras, incluso!— que no me pueden dar más de lo que me dan.

4. Templado se disfruta más

Apliquemos la propuesta de Cristo con la que hemos iniciado estas páginas: «Bienaventurado el que ahora tiene hambre, porque se saciará». Cuando uno come diciendo: «Venga, voy a comer, pero me voy a vengar; me voy a quedar a gusto», llega un momento en que tiene que parar, porque no tiene donde meterse más. Una comida así deja lleno, pero insatisfecho.

No hay que exagerar, pero sí es cierto que cuando buscamos alguna compensación en la comida o en cualquier otra cosa material, cuando queremos cubrir cierto descontento o alcanzar cierta plenitud con cosas, aquello nos deja malestar... Yo al menos experimento eso.

Sin embargo, cuando vamos a una comida y voluntariamente nos quedamos con hambre, quedamos más satisfechos, y más si tenemos una motivación externa a nosotros mismos. Las situaciones en las que nos relacionamos con lo material con cierto señorío son más satisfactorias.

Realmente no solo el que pasa hambre se saciará en la otra vida, sino también en esta.

Disfrutar es encontrar el gozo de Dios en las cosas

¿Cuál es nuestra propuesta? En la vida monástica, el fin de la vida que clásicamente se ha contemplado ha sido el *Dei fruor* («disfrutar de Dios»). Muchos monjes encontraban ese disfrute únicamente durante las acciones litúrgicas. Nosotros consideramos importante descubrir el *Dei fruor*, además, en todo lo que hacemos.

Algunas espiritualidades protestantes consideran pecaminosa la búsqueda del placer en las realidades terrenas: solo debemos buscar el gozo en Dios —dicen—y lo demás puede apartarnos de Él. La espiritualidad católica recorre un camino distinto. Prueba de ello es que la elaboración de las mejores bebidas alcohólicas ha nacido en comunidades de personas consagradas a Dios; todavía existen en repostería y restauración instituciones de la Iglesia que elaboran recetas exquisitas. Es así, no por negocio para mantenerse —que también—, sino porque los católicos tenemos el convencimiento de que nuestros gozos terrenos dan gloria a Dios. Nuestro Dios ha creado un mundo bueno y se ha encarnado. Por tanto, el mundo de la carne es también santo.

El disfrutón busca los bienes de arriba también en los de abajo.

Descubrir lo gozoso de aquí como reflejo de lo divino

Carrón comentaba en una conferencia el poema de Giacomo Leopardi en su himno a Aspasia: «Rayo divino pareció a mi mente,/mujer, tu hermosura».

> La belleza de la mujer es percibida por el poeta como un rayo divino, como la presencia de lo divino. A través de la belleza de la mujer es Dios quien llama a la puerta del hombre. Si el hombre no comprende la naturaleza de esta llamada y no apuesta por secundarla, difícilmente podrá comprender hasta el fondo su destino de infinitud y de felicidad.
>
> La mujer, siendo limitada, despierta en el hombre, también limitado, un deseo de plenitud desproporcionado respecto de la capacidad que ella tiene de satisfacerlo. Despierta una sed que no está en condiciones de saciar. Suscita un hambre que no encuentra respuesta en aquella que lo ha suscitado. De ahí la rabia, la violencia que tantas veces surge entre los esposos y la decepción a la que se ven abocados si no comprenden la verdadera naturaleza de su relación.
>
> La hermosura de la mujer es, en realidad, rayo divino, signo que remite más allá, a otra cosa más grande, divina, inconmensurable respecto de su naturaleza limitada, como describe Romeo en el drama de William Shakespeare: «Muéstrame una dama que sea muy

bella. ¿Qué hace su hermosura sino recordarme a la que supera su belleza? Su belleza grita: "No soy yo. Yo solo soy una señal. ¡Mira! ¡Mira! ¿A quién te recuerdo?"».

Se trata de la dinámica del signo, de la que la relación entre hombre y mujer constituye un ejemplo conmovedor. Cuanto más viven ambos la presencia de la persona amada como signo de otro —que es la verdad de la persona amada—, tanto más esperan y anhelan ese otro.

Si no comprende esta dinámica, el hombre sucumbe al error de detenerse en la realidad que ha suscitado el deseo. Es como si una mujer que recibe un ramo de flores, extasiada ante su belleza, olvidara el rostro de quien se las ha mandado y del que son signo, perdiéndose así lo mejor de las flores.

No reconocer en el otro su carácter de signo lleva inevitablemente a reducirlo a lo que aparece ante nuestros ojos. Y antes o después se revela su incapacidad de responder al deseo que ha suscitado[29].

La voz y los cuchicheos

Cuando no somos capaces de disfrutar realmente de la vida y lo que nos ofrece por haber sucumbido a sus engaños, cuando vamos saciándonos de charca en charca, con frecuencia no somos capaces de escucharnos ni siquiera a nosotros mismos. El mundo nos cuchichea, como expresaba Juan Taulero ya en el año 1300:

> Es preciso que examinemos de cerca qué es lo que hace que el hombre sea sordo. Por haber escuchado las insinuaciones del enemigo y sus palabras, Adán y Eva fueron los primeros sordos. Y nosotros también, detrás de ellos, somos incapaces de escuchar y comprender las amables inspiraciones del Verbo eterno.
>
> Sin embargo, sabemos que el Verbo eterno reside en el fondo de nuestro ser, tan inefablemente cerca de nosotros y en nosotros que es nuestro mismo ser. El Verbo habla sin cesar al hombre, pero el

[29] Julián Carrón, Conferencia "La experiencia de la familia. Una belleza que hay que conquistar de nuevo", Milán, sábado 5 septiembre 2009.

hombre no puede escuchar ni entender todo lo que le dice, a causa de la sordera de la que está afectado.

Del mismo modo ha sido de tal manera golpeado en todas sus demás facultades que es también mudo, y no se conoce a sí mismo. Si quisiera hablar de su interior, no lo podría hacer por no saber dónde está y no conocer su propia manera de ser.

El Enemigo te hace ver todo este desorden y te seduce para que busques las cosas creadas de este mundo y todo lo que va ligado a él: bienes, honores, incluso amigos y parientes, es decir, tu propia naturaleza, y los bienes de este mundo caído. En todo esto consiste su cuchicheo. Pero viene nuestro Señor: pone su dedo sagrado en el oído del hombre y saliva en su lengua, y el hombre encuentra de nuevo la palabra[30].

Quien sigue a Cristo disfruta de la vida. El estilo de quien le sigue no está marcado por unas creencias determinadas; la verdad no está en los conceptos, sino en vivir en la verdad o vivir sin ella[31]. Quien vive en la verdad, escucha y sacia su sed. Quien vive sin ella, sordo y embotado, continúa sediento. Los cristianos estamos llamados a vivir en la verdad, y a indicar con nuestra propia vida el camino hacia la fuente:

Yo esperaba con ansia al Señor;
Él se inclinó y escuchó mi grito:
me levantó de la fosa fatal,
de la charca fangosa;
afianzó mis pies sobre roca, y aseguró mis pasos;
me puso en la boca un cántico nuevo,
un himno a nuestro Dios.

---

[30] Beato Juan Taulero, dominico en Estrasburgo (ca.1300-1361).

[31] No quiero decir que las afirmaciones no tengan una verdad o falsedad lógica. Lo que afirmamos aquí es que la verdad no está en la lógica, sino en la vida; la verbalización de la realidad será verdadera o falsa según recoja la realidad tal como es o no. Este matiz es importante, pues si no lo tenemos en cuenta, podemos convertir el cristianismo en una colección de verdades lógicas: o, lo que es lo mismo, en una ideología. Y el cristianismo no es ideología, sino vida: el cristiano es quien vive en la verdad. Lo contrario es vivir sin ella.

Muchos, al verlo, quedaron sobrecogidos
y confiaron en el Señor.

Dichoso el hombre que ha puesto
su confianza en el Señor,
y no acude a los idólatras,
que se extravían con engaños.
(…)

Dios mío, lo quiero,
Y llevo tu ley en mis entrañas[32].

Escribe san Pablo[33],

> Ya que habéis resucitado con Cristo, buscad los bienes de allá arriba, donde está Cristo, sentado a la derecha de Dios; aspirad a los bienes de arriba, no a los de la tierra. Porque habéis muerto, y vuestra vida está con Cristo escondida en Dios. Cuando aparezca Cristo, vida nuestra, entonces también vosotros apareceréis, juntamente con Él, en gloria.
>
> En consecuencia, dad muerte a todo lo terreno que hay en vosotros: la fornicación, la impureza, la pasión, la codicia y la avaricia, que es una idolatría. Eso es lo que atrae el castigo de Dios sobre los desobedientes. Entre ellos andabais también vosotros, cuando vivíais de esa manera; ahora, en cambio, deshaceos de todo eso: ira, coraje, maldad, calumnias y groserías, ¡fuera de vuestra boca! No sigáis engañándoos unos a otros. Despojaos del hombre viejo, con sus obras, y revestíos del nuevo, que se va renovando como imagen de su Creador, hasta llegar a conocerlo. En este orden nuevo no hay distinción entre judíos y gentiles, circuncisos e incircuncisos, bárbaros y escitas, esclavos y libres, porque Cristo es la síntesis de todo y está en todos.

El cristiano disfruta del gozo del amor de Cristo, de la fuerza de Dios y de su nueva vida.

---

32 Salmo 40, 2-14. 17-18.

33 Colosenses 3, 1-11.

7 LA PIEDRA DE TROPIEZO

«El hombre es el único animal que tropieza dos veces en la misma piedra». En este refrán están presentes los elementos que queremos tratar: *hombre, tropezar, piedra*.

Sabemos que en nuestra vida hay piedras con las que tropezamos. Y siempre hay una que es la mayor. Cada uno de nosotros conoce la piedra en la que habitualmente tropieza: pueden ser los escrúpulos, la frialdad (soy frío en mi relación con Dios, y nunca vivo el gozo de Dios y de sus cosas), el mal hábito de la masturbación (me tropiezo mil veces con la incontinencia sexual), comportamientos anoréxicos (que me hacen girar a todas horas en torno a mi aspecto físico)... Puedo ser controlador y que todas mis relaciones sean tremendamente egocéntricas y me impidan ver a nadie (quiero controlar en el noviazgo, controlar a los amigos, y termino ahogando, o mi deseo de controlar me hace vivir en un estado de agobio permanente) o ser vergonzoso (me angustio cuando debo hacer algo en público, me da vergüenza hablar de Dios, me avergüenza dar mi opinión sobre cualquier asunto)... Cabría poner mil ejemplos más de piedras en las que uno tropieza con regularidad.

Quiero proponer cuatro sugerencias sobre cómo gestionar la propia piedra de tropiezo:

1. Conocer la piedra

Lo primero es conocer nuestra piedra de tropiezo, y aprender a leer en ella qué es lo que ocurre. Recuerdo un viaje en coche con mis hermanos mayores. Era pequeño. En un momento dado se encendió una luz roja en el cuadro de mandos. Ante lo inesperado, y algo preocupada, la conductora dio unos golpecitos al cuadro de mandos, a ver si aquella luz se apagaba. Después de varios intentos, aprovechando la parada en un semáforo, alguien llamó a nuestra ventanilla: «Se le está quemando el motor». Efectivamente, nos dimos la vuelta y vimos una enorme nube de humo en la parte trasera del coche: se había roto la correa del ventilador. El cuadro de mandos quiso informarnos mucho antes de que aquello fuese grave, pero no supimos leer la pequeña luz roja.

Algo parecido ocurre con nuestra piedra; el problema no lo tiene el cuadro de mandos, sino la correa del ventilador, que se ha roto. *Normalmente la piedra no es lo que veo, sino aquello a lo que me remite*. Conocer la piedra es saber leer en lo que me ocurre qué es lo que no funciona; nuestra piedra nos da información del problema real que permanece oculto.

Si tengo escrúpulos, ¿por qué no buscar cuál será su origen? El problema no está en el escrúpulo; el escrúpulo es un síntoma. Quizá se deba a que soy una persona educada en un orden impuesto con excesiva autoridad, o a que soy además muy moralista y riguroso, o a que tengo la imagen de un Dios duro e insensible, o a que me han transmitido un cristianismo normativo y cumplidor. Si soy una persona fría con Dios quizá se deba a que no sé querer, o a que tengo una afectividad enferma que cuando se pone delante de Dios solo advierte sus normas y leyes. Si tengo el hábito de la masturbación, deberé analizar qué le pasa a mi corazón, que busca un plus de felicidad y gozo, quizá porque no lo encuentra en lo que hace y ama, y será ocasión de buscar las frustraciones de mi corazón insatisfecho. Y así con cada una de las piedras.

Conocer la piedra es saber qué está ocurriendo en lo oculto de mi persona. Es la hora de aprender a «leer», y así conocer cuál es la causa de determinados comportamientos. Tendremos que ser capaces de ver la raíz, el origen, la piedra real que hay en nuestra vida, no en el cuadro de mandos.

2. Entender que no depende de mí

Normalmente el motivo real y la raíz de mi dificultad formará parte de algo tan profundo en mi persona que casi no depende de mí, ni en su origen ni en su solución. Hay unos estratos en nuestro yo que apenas son manipulables por nosotros mismos; son consecuencia de muchos factores que nos han hecho crecer de una determinada manera, y nos han ido conformado hasta ser como somos: la educación que hemos recibido, la forma de ser y el carácter, la visión de la vida que nos ha transmitido nuestro entorno, algún trauma sufrido años atrás... Podemos decir que *yo soy así*.

3. Son ocasión de grandeza y de miseria

Las piedras de tropiezo son ocasión de grandeza y miseria en el hombre.

Como escribe Turguénev[34], «el hombre tiene que estar firme sobre sus pies con la cabeza alta, aunque solo sea encima de una piedra». Cuando tengo conciencia de cuál es mi piedra, puedo convertirla en una ocasión para hacerme más grande; si la acepto y entiendo cuál es la situación, podré despertar en mí otras habilidades que me permitan esquivar la piedra y así transformarla en una oportunidad de acceder a lo mejor que hay en mí.

Lo que no puedo pretender es dominar la piedra. Sería un error; en el fondo estaría buscando una forma de autojustificarme —«no consiento ser así, no estoy dispuesto a aceptarlo, y por lo tanto quiero quitar la piedra»—. Es posible que mi lucha por dominar la piedra responda a un deseo de controlar la propia vida, de dirigir mi existencia en una dirección determinada que yo me he propuesto, empeñado en cómo me gustaría que fuesen las cosas, en cómo me gustaría ser, en cómo me gustaría que fuese mi relación con Dios y mi vida cristiana... Si no está al alcance de mi mano eliminar mi piedra, pretender quitarla —a la fuerza y ya— me llevará a golpearme una y otra vez con ella. Y los golpes dañan. No siempre la podré quitar a golpes…

Sin embargo, decíamos que la piedra —mi propia miseria concreta— puede ser ocasión para dejar salir lo mejor que hay en mí, sirviendo como fuente de comportamientos buenos: si mi piedra es la masturbación, quizá descubra el amor gratuito e incondicional de Dios, quizá me dé cuenta de que mi corazón busca más y no descansará hasta encontrar la plenitud; si soy un controlador, quizá me posibilite el regodearme con mayor intensidad cada vez que no haya logrado controlar las cosas y hayan salido bien… Así descubriré mejor la Providencia como un control de amor —y no de miedo—, y podré experimentar con más fuerza el absurdo de tener que salirme siempre con la mía… Desde el afán por controlar se me posibilitará el caer en la cuenta de que amar al otro es dejarle en paz, dejarle ser; nadie como el controlador puede reírse de sí mismo ante la absurda pretensión de ser Dios…

---

[34] Iván Turguénev, *Primer amor*, ed. viveLibro, edición digital, posición 1093.

Nuestras miserias, piedras en las que tropezamos una y otra vez, nos ofrecen la ocasión de ponernos de pie encima de ellas. Teresa de Lisieux contaba que se dormía en la oración. Para ella, esa era una piedra de tropiezo. Y no se empeñó en dominarla. Pensaba: «Si le gusto a Jesús dormida, ¡cómo disfrutará al verme tranquila, descansando!»[35]. ¡Eso es aprovechar la piedra para hacernos grandes! Santa Teresa no pretendía ser distinta, sino agradar a Dios siendo como era. La grandeza de Teresa no estaba en haber conseguido dejar de dormirse en la oración, sino en saber convertir su somnolencia en otra forma de amar a Dios. Convirtió su piedra en un pódium sobre el que alzarse para seguir amando a Dios con mayor confianza y abandono. No lo hacía como a ella le hubiese gustado —seguro que deseaba orar intensamente recogida—, pero se levantó sobre la aceptación de su limitada realidad. Su piedra no le impedía amar a Dios, sino que le mostró un nuevo camino. La hizo grande.

4. Sabiduría del esfuerzo y sabiduría de la aceptación

Así pues, con la piedra de tropiezo la forma sabia de actuar es la aceptación: aceptar que soy así, y que la piedra me acompañará durante mucho tiempo. Si la acepto, será ocasión de conocerme mejor a mí mismo, de saber qué es lo que hay en esos estratos profundos de mi corazón a los que normalmente no puedo

---

[35] «No puedo decir que haya recibido frecuentes consuelos durante las acciones de gracias; tal vez sean los momentos en que menos los he tenido… Y me parece muy natural, pues me he ofrecido a Jesús, no como quien desea recibir su visita para el propio consuelo, sino al contrario, para complacer al que se entrega a mí. Me imagino a mi alma como un terreno libre, y pido a la Santísima Virgen que quite los escombros que pudieran impedirle esa libertad. Luego le suplico que monte Ella una gran tienda digna del cielo y que la adorne con sus propias galas. Después invito a todos los ángeles y santos a que vengan a dar un magnífico concierto. Y cuando Jesús baja a mi corazón, me parece que está contento de verse tan bien recibido, y yo estoy contenta también. Pero todo esto no impide que las distracciones y el sueño vengan a visitarme. Pero al terminar la acción de gracias y ver que la le hecho tan mal, tomo la resolución de vivir todo el día en una continua acción de gracias… Ya ves, Madre querida, que Dios está muy lejos de llevarme por el camino del temor. Sé encontrar siempre la forma de ser feliz y de aprovecharme de mis miserias… Y estoy segura de que eso no le disgusta a Jesús, pues Él mismo parece animarme a seguir por ese camino». (Teresa de Lisieux, *Historia de un alma*, Ms A Fol. 80rº).

acceder y que, sin embargo, gracias a mi debilidad, se me muestran en parte.

Sea cual sea nuestra piedra, todas ellas nos ofrecen la experiencia de nuestra debilidad, y esta experiencia es el fundamento de la más profunda sabiduría y el inicio de nuestra más radical grandeza: ¡sabernos irremediablemente débiles es lo único que puede abrirnos a la acción de Dios![36].

¡Aceptar que soy débil! No me pondré a dar patadas a la piedra; aceptaré que está ahí y que el camino va por otro lado.

La piedra como camino, no como barrera

En estas páginas no proponemos solo aceptar la piedra, sino algo más: adaptarnos a ella. Harriet, una de las protagonistas de D. E. Stevenson, tenía un «credo» muy particular ante la vida: «lo fundamental no es lo que te pase, sino cómo te lo tomes». Y con la piedra de tropiezo pasa lo mismo: lo fundamental no es la piedra en sí, sino cómo la tomamos; bien como un problema, o bien como algo que indica el itinerario concreto de mi camino. Uno puede fijarse en sus escrúpulos y considerarlos un problema. Si los contempla así, serán un obstáculo que le impedirá crecer y disfrutar en su relación con Dios. Pero *no* son un problema. Los escrúpulos, precisamente los escrúpulos, son los que van a marcar el camino que uno necesita recorrer para conocer adecuadamente a Dios, para comprender mejor los motivos de sus acciones y la necesidad de purificar su corazón.

«Hay dificultades que si se hacen problemas se transforman en barrera, pero, si son tratadas como camino, colaboran con lo mejor de nosotros mismos. Estas, exactamente, son las piedras de tropiezo»[37].

Un discurso frecuente en las escuelas de negocios estima que las crisis son oportunidades. Nosotros no solo proponemos

---

[36] André Louf, *Mi vida en tus manos: el itinerario de la gracia*. En las pp. 84-87 expone ampliamente esta consideración.

[37] Javier Garrido, *Ni santos ni mediocres*, ed. Verbo Divino, Pamplona 2014, p. 104. En su libro el autor desarrolla con sutileza muchas de las ideas que exponemos en el presente capítulo.

considerar la piedra de tropiezo como una oportunidad, sino también como la que nos indica el camino concreto a seguir.

La piedra, que en el fondo no depende de mí y que podría ser una barrera que impidiese un desarrollo sano de mi vida cristiana, se convierte en algo que me va a señalar el camino. Se trata de aceptarlo: acepto que soy así, y por este camino voy a hacerme grande.

Necesaria para la obra de Dios

Muchas veces nos damos cuenta, a posteriori, de que una determinada piedra de tropiezo fue necesaria en nuestra vida para que Dios pudiera guiarnos: reconocemos con el paso del tiempo que, gracias a aquella piedra concreta, Dios nos fue conduciendo. Y vemos que muchas cosas buenas nos llegaron después gracias, precisamente, a aquella piedra. Pero esto se ve con mayor facilidad con mirada retrospectiva.

Con el tiempo se nos revela el protagonismo de la piedra de tropiezo. Gracias a ella aprendo a gustarme como soy, me acepto como soy, me doy cuenta de lo que yo le gusto a Dios y de que le gusto con ella, veo que la misericordia de Dios me ha llegado en gran parte gracias a ella… Me doy cuenta de la mentira que se escondía en la sensación que tenía de que, por culpa de esa dificultad, no podía andar... Tal y como dice Betsy en *Anna Karénina*: «Usted sabe, las mismas cosas se pueden considerar desde puntos de vista diferentes. Unos las toman por el lado trágico, convirtiéndolas en un tormento, y otros las miran con sencillez y hasta con alegría»[38].

La piedra de tropiezo no es la negatividad absoluta, es simplemente una piedra. Y una piedra providencial. Cada uno ante su piedra debe pararse y decir: «A ver qué puedo hacer yo con esto…». Y aplicar la sabiduría de la aceptación, agradecer a Dios mi piedra particular, pues será la que marque el camino por el que recibiré los dones que Él me quiere dar. Sí, la piedra de tropiezo es necesaria para la obra de Dios.

---

[38] Lev Tólstoi, *Anna Karénina*, ed. Cátedra, 1994, p. 407.

¿Cómo discernir entonces qué hacer ante la piedra de tropiezo? Uno solo, pensando, puede aclararse muchas cosas, pues tiene inteligencia. Con la oración se abre también a la luz de Dios. Pero si además cuenta con un acompañamiento espiritual, mejor todavía, ya que en muchos casos le ayudará a vislumbrar el camino con mayor claridad, a aceptar y a encontrar la sabiduría necesaria para saber por dónde continuar.

Ojalá que nuestra piedra sea un elemento fundamental en nuestra vida cristiana y en nuestra santidad. ¿Hasta cuándo? No te preocupes. Un día miraremos y la veremos atrás, como algo del pasado. No sabremos definir muy bien el momento en que dejó de estar ahí. Lo mejor es aceptarla, aprovecharla, y esperar a que Cristo, nuestro liberador, nos sane y salve.

Cuanta más miseria le pueda presentar,
cuanto más error y debilidad reconozca,
más me amará Dios. Es como si uno se pudiese
alegrar por la basura que encuentra en su interior.
Porque sabe que hay un Padre que va a curar todas
sus heridas, que las va a besar, que le va a animar
y a respaldar, haciendo causa común con él.
Este es el momento en el que descubre
hasta qué punto le ama Dios, y es entonces
cuando se abre y aprende a querer a su Dios.

8 ¡SANTOS YA!

En el funeral de san Juan Pablo II hubo un grito coreado por la multitud que asistía a la celebración, acompañado de no pocas pancartas, que decía: «Santo sùbito» («¡Santo ya!»). El pueblo cristiano pedía que el recientemente fallecido Papa fuese canonizado de inmediato, sin someterlo al proceso y a los tiempos que estipula el Derecho Canónico para la canonización de un fiel.

Quiero usar este mismo grito con un sentido distinto. ¡Santos ya! Sí. Lo que propongo en estas líneas es que todos podemos ser santos ya, santos al terminar de leer este capítulo. Me explicaré.

Una idea falsa de lo que es ser santo

Dependiendo de la formación o de la cultura religiosa en la que uno haya crecido, la idea de santidad puede dar pereza, presentarse como una invitación a pasarlo mal durante esta vida pero apostar por la siguiente, sonar a heroísmo o a personas hechas de una pasta especial… o puede despertar entusiasmo.

No vamos a detenernos ahora en exponer lo que es la santidad, pero sí apuntar que, en el contexto de lo que nos enseña Jesús de Nazaret, santo es la persona que participa de la santidad de Dios. Jesús habla de *dichosos* y *bienaventurados*, es decir, de personas felices que cargan con buenas aventuras sobre las espaldas de su existencia.

Hay una idea equivocada de lo que supone ser santo que es la que quiero tratar, que resulta profundamente dañina e impide vivir este «santos ya» que proponemos ahora.

Normalmente entendemos que nos encontramos en una posición —mi situación, la vida que llevo y la verdad que soy— y que la santidad se encuentra en otro lugar, en un modelo de conducta que está «allá arriba». Mi vida cristiana debe consistir, por tanto, en recorrer un camino ascendente, una subida, hasta alcanzar el ideal en el que se cumple la santidad. Esta subida resultará ardua, pero me dará progresivamente una altura. Claramente, deberé alejarme de mi realidad —mi realidad actual— para ir alcanzando el ideal de santidad. La espiritualidad me propone desde arriba un modo de ser, de vivir, de comportarme; me enseña virtudes, perfecciones, dominios y reacciones propias del santo a las que yo debo dirigirme. Como consecuencia, de modo más o menos consciente, cada uno nos formamos nuestros estereotipos de la persona santa que deberíamos ser, si es que queremos ser íntimamente amados y aceptados por Dios.

En el prototipo de santo que uno se crea, seguramente santo será el que no se enfade nunca, el que coma con mesura y de manera agradecida, el que vista con cierta pobreza, el que no sea vanidoso en nada, el que prefiera la oración a la fiesta, el que ame con paciencia a cualquiera, el que aproveche desde el primer momento del día para hacer el bien... Frente a este estereotipo, uno se encuentra con su propia realidad, siempre cruel: se levanta con sueño, bostezando y de mal humor, se cansa y todo le cuesta, tiene hambre continuamente, no aguanta al pesado de turno con el que se cruza a diario y le gustaría quitárselo de encima... Entonces, inevitablemente, uno se considera muy lejos del ideal de perfección que piensa que es ser santo.

Ideal y realidad

Lógicamente, con este planteamiento, lo correcto es pensar que la santidad se dará o se podrá dar con el tiempo, si tengo paciencia y constancia, con mucha lucha por mi parte. Es decir, el camino de mi santidad consistirá en trasladarme desde mi situación actual real hasta ese lugar que se encuentra ahí arriba y que —si Dios quiere y yo me empeño— pisaré en el futuro. En otras palabras: hay una realidad y un ideal, y hasta que coincidan y haga realidad el ideal, yo no puedo ser santo. En el mejor de los casos, mi realidad es que soy una pobre persona con nobles sueños y aspiraciones.

Este planteamiento, afortunadamente, no nos conduce a la depresión porque sabemos que Dios es bueno y que ama a todos. Y para más consuelo, este buen Dios ama todo lo creado... Por aterrizar un poco esta verdad, sé que ama incluso a los cerdos... Aquí se encuentra un gran consuelo, pues aunque mi vida se pareciese a la de estos animales, sé que Dios me ama. Nunca caeré, por tanto, en la desesperanza.

Sin embargo, a pesar de poder afirmar con seguridad que el amor de Dios me acompaña, en el fondo —muy en el fondo de mi corazón— dudo de que Dios pueda mirarme con ternura y pasión, con cariño y amor, y decirme: «¡No sabes bien cómo te quiero!».

Recuerdo un sucedido. Estaba con un grupo de alumnos de la universidad; habíamos quedado para preparar una cena en el pequeño estudio en el que trabajo. Me encontraba en la cocina con Álex. La ventana del fregadero da a una terraza exterior, por la que asomó su entonces novia. Álex le dijo: «¡Cada día me gustas más!». El tono acompañaba a las palabras con el mínimo de guasa que exigen estas declaraciones hechas en público —y más siendo el público sus compañeros de universidad—, pero expresaban su sentimiento. No hace falta comentar el gusto que causaron esas palabras en ella... No creo que alguien con los planteamientos de santidad desde arriba que estamos exponiendo sea capaz de creer que cuando Dios le mira, le diga con pasión de enamorado: «¡Cada día me gustas más!». Más bien pensará que eso se lo podrá decir el día en el que se encuentre en ese otro lugar al que debe trasladarse, cuando se identifique —al menos un poco más— con el ideal o estereotipo de santidad al que aspira. Pero en la realidad en la que vive, el amor de Dios por él seguramente sea más resultado de la paciencia infinita de Dios, que no se enoja.

Quiero afirmar que este Dios nada tiene que ver con el Dios del que nos habla Jesucristo. Es como el padre del hijo pródigo, que sale todos los días a otear el horizonte por si vuelve su hijo, sin cansarse; y el día que ve a lo lejos que está de vuelta, *antes de nada* corre hacia él, y cuando lo tiene a su alcance le da un abrazo y se lo come a besos. No vemos a un padre algo cansado que se esfuerza por ser paciente y comprensivo; *antes de nada* no exige a su hijo arrepentimiento y penitencia, limpieza y justicia que repare.

La parábola nos la sabemos de memoria. Lo que quizá no sabemos es que el planteamiento de la santidad desde arriba es *incompatible* con este Dios revelado por Jesucristo. Y no nos resulta fácil, porque nos han educado en que se me da según haya dado yo —de acuerdo con lo que yo haya producido o con mis resultados, se me da premio mayor, menor, o castigo—; como hemos crecido así, aplicamos esas mismas categorías a Dios, pervirtiendo la imagen del verdadero Dios. He puesto en cursiva las palabras *antes de nada* para resaltar que «antes de que el hijo haga nada», es decir, *sin que dependa de mí*, el padre hace lo que hace. Diríamos que él lo hace porque le da la gana, no porque lo merezcan mis acciones.

Nos hemos detenido en este punto para subrayar el siguiente hecho: la santidad o cercanía de Dios no depende de que mi realidad esté más o menos lejos del ideal de santidad que yo me he forjado, sino de que acepte que Dios está junto a mí dándome su abrazo. Eso es la santidad. Sin que yo tenga que ser distinto a como soy.

La santidad no supone trasladarme al *ideal*, sino vivir la *realidad* en un nuevo contexto

Ser santo, por tanto, no se parece en nada a la realización del ideal que me he forjado después de abandonar o transformar mi realidad. No es eso. Más que en tener que trasladarme —como si la santidad se encontrase en otro lugar hacia donde debo dirigirme, «allá arriba»—, la santidad consiste en meterme yo en mí mismo; mejor dicho, vivir mi propia realidad inmerso en un contexto nuevo. No es abandonar mi realidad para alcanzar un ideal, sino permanecer en mi propia realidad, compartida con Cristo en mi intimidad.

Siento si las palabras resultan algo abstractas. Un ejemplo hará ver que se trata de algo muy sencillo, hará ver que no estoy elaborando ninguna teoría complicada, sino que resulta lo más normal en cualquier relación. Supongamos que un novio tiene un mal día, va a repostar a una gasolinera, le da un pronto y roba al empleado la cartuchera con el dinero; el agredido se resiste, el novio se pone nervioso, le golpea y deja al empleado tieso tirado sobre el suelo. Terminado el episodio, asustado por lo que ha hecho, no sabe cómo actuar. Decide no acudir a sus padres pues no sabe cómo reaccionarán. Termina por llamar a su novia. Nervioso y angustiado le cuenta lo sucedido. La novia podría reaccionar de mil modos. Una posibilidad sería la de hacer causa común: le cogería del brazo y le ayudaría a deshacer el entuerto —aparte de mil cosas más en las que no me meto—. El novio sabe que puede compartir su realidad con alguien que va a ponerse de su lado, que va a estar con él, alguien que va a vivir su realidad de su mano. Va a hacer equipo con él para salir de donde se encuentra. Le va a doler tanto como a él y compartirá su angustia. Otra posibilidad sería que la novia le dijese: «Ya estás otra vez, apáñatela como puedas, para qué le golpeas, si no necesitas dinero, para qué, menudo carácter tienes…».

«No he venido para juzgaros, sino para salvaros», dice Cristo. Esas son, en definitiva, las dos posibilidades de reacción de la novia: salvar o juzgar. Es de suponer que Cristo no sería la segunda novia, sino la primera. Y no se trata de un *buenismo* en el que todo vale porque todos nos queremos mucho. Sin restar ninguna seriedad y trascendencia a los hechos, es posible compartir la propia realidad con quien sé que me quiere, y me quiere como soy, y no me juzga a partir del ideal que se ha formado acerca de cómo le gustaría que yo fuese.

Con este ejemplo quiero decir:

> **!** No tengo que llegar a ser nada distinto de lo que soy.
> Santo es quien vive la propia realidad en un contexto íntimo
> en el que comparte su realidad con Cristo. ¡Eso es ser santo!
> Santo no es quien no se enfada nunca, sino el cuando se enfada
> por una tontería acepta que se ha enfadado por una tontería,
> y sabe que Cristo le entiende, y espera que Cristo
> le libere de ese carácter.
> La dureza de la santidad no está en la subida hacia un ideal,
> sino en la valentía de aceptar mi realidad,
> en la violencia por llevarla a mi interior y compartirla con Cristo.
> La dificultad de la santidad no está
> en trasladarse a otra forma de vida,
> sino en aceptar en mi interior y convivir
> con esa persona real que soy yo,

que no cumple mis sueños, que niega mis proyectos,
que no es capaz de nada,
y que vive la experiencia humillante
de no saber pasar por alto la tontería más insignificante...

Tres pautas que pueden rectificar el extravío

Como pautas de rectificación, recojo y explicito tres afirmaciones contenidas en lo tratado hasta ahora:

1. Evitar la dualidad ideal-realidad

Aceptar mi realidad me enseñará lo más básico. Para vivir una experiencia de Dios, es condición la progresiva experiencia y aceptación de mi realidad, tal y como soy. Solo desde mi verdad —que soy débil e impotente— es posible conectar con Dios: descubro y acepto las fisuras y grietas de mi debilidad, y a través de ellas entra Dios, y gracias a ellas se produce el encuentro.

! Ante las grietas de mi debilidad:
si las niego o las disimulo,
si las maquillo,
si huyo y culpabilizo a otros,
si me impaciento y las rechazo,
si no las llevo a mi interior,
si escapo hacia aquello en lo que me encuentro más seguro,
si las reconozco pero no las acepto porque me humillan,
si no me gusto así,
si me culpabilizo y me canso de mí mismo,
si me producen hartazgo y desánimo,
si me dan bajón...
es que no he aprendido a aceptar mi realidad.
¡Y si huyo de mi debilidad, cierro la puerta a Dios!

Así, cuanto más reconozco mi realidad en el fracaso y en mi debilidad, tanto más capaz me hago de abrirme a Dios en su verdad. Este es el camino para aprender la forma de vivir del santo: «Yo no puedo dar garantías de nada sobre mí. No puedo dar garantías de no pecar más. Sé que dependo en todo de Dios».

La virtud puede llevarnos a la falsa convicción de pensar que podemos llegar a Dios por el propio esfuerzo. «El que quiera hacer solo el camino de la virtud para ir a Dios se dará de cabeza contra la pared; no será capaz de dar con la puerta de acceso, porque esa puerta es la humildad o confesión de la incapacidad de llegar por propio esfuerzo a ser devoto y santo»[39].

Como dice la canción:

> Me dicen que huya de mi debilidad,
> Tú me dices que permanezca en ella.
> Me valoran por éxitos y perfección,
> Tú disfrutas conmigo tal y como soy:
> débil, enfermo y en pecado,
> impuro, impotente y quebradizo.
> Solo así descubro cómo me amas,
> solo así descubro cómo me quieres[40].

En pocas palabras: no se trata de ir al ideal, sino de aceptar lo real.

2. La santidad no es un camino: no hay traslado, ni futuro, ni meta

El lenguaje puede despistar y terminar por forjar planteamientos que desvirtúan aquello de lo que se habla. Por eso propongo evitar expresiones del tipo «recorrer el camino de la santidad», «ascender hacia la santidad», «comportarse como un santo», «así llegarás a ser santo», «fulano tiene madera de santo»…

Hablar de camino lleva implícito la necesidad de un *traslado*: me encuentro en una realidad y debo llegar a otra. Sin embargo, la santidad no está en llegar a ningún lado, sino en vivir lo que soy en un contexto distinto, un contexto de intimidad con Cristo donde yo me acepto, me abro a su persona, me dejo abrazar y liberar por Él.

---

[39] Anselm Grün, *Una espiritualidad desde abajo*, Narcea, Madrid 2012, pág. 40. Este es el sentido de la humildad que enseña san Benito en su regla en el capítulo 7: no como una virtud, sino como una actitud religiosa. La virtud nos sitúa en el plano de los actos, y no es ahí donde radica la humildad; la humildad se encuentra en el plano de la actitud, de la postura del alma, del planteamiento existencial, de la percepción de uno mismo con relación a Dios.

[40] HAKUNA Music Group, canción "Pasión de Dios", Madrid 2015.

En todo caso, si hay que hablar de camino, habría que decir que ese camino lleva hacia dentro y no hacia otro lugar. Del mismo modo, camino habla de distancia, no solo espacial sino temporal, por lo que sugiere *futuro*. Es bueno afirmar que la santidad no es algo que se encuentra en el futuro, sino en el presente: *hoy soy santo, no cuando consiga ser de otro modo distinto al que soy*.

Por último, camino puede sugerir que yo debo alcanzar una *meta* con las obras que realice y la lucha que despliegue. Sin embargo, la santidad no es tanto una meta que alcanzar como una liberación que esperar.

3. No quiero méritos ni contabilidades

Quien vive en un planteamiento de la santidad desde arriba gusta de contar, mide avances y retrocesos, su examen cae en la contabilidad; necesita seguridad en su camino y la busca en el cumplimiento de normas; necesita méritos y está tranquilo cuando las cosas cuestan y vence, o cuando no falla al plan establecido; le dan paz los éxitos y le hunden los golpes y caídas; habla de fallos, y emplea el «hay que hacer».

Traigo a continuación unas palabras de Teresa de Lisieux que se encuentran en las antípodas de esta actitud expuesta:

> No quiero amontonar méritos para el cielo, solo quiero trabajar por vuestro amor, con el único fin de complaceros, de consolar a vuestro Sagrado Corazón y de salvar almas que os amen eternamente. En la tarde de esta vida, compareceré delante de vos con las manos vacías, pues no os pido, Señor, que contéis mis obras. Todas nuestras justicias tienen manchas a vuestros ojos. Quiero, por eso, revestirme de vuestra propia justicia, y recibir de vuestro amor la posesión eterna de vos mismo. No quiero otro trono y otra corona que a vos, ¡oh Amado mío![41].

No necesitamos ser distintos para ser abrazados por Dios

Antes de morir, santa Teresa de Calcuta escribe una carta para que la lean —y no la olviden tras su muerte— todos los que están

---

[41] Teresa de Lisieux, "Acto de ofrenda al amor misericordioso".

dentro de la Congregación fundada por ella y quienes viven la espiritualidad de las Misioneras de la Caridad. Una idea nuclear que les expone de la siguiente manera:

> Estad alerta de todo lo que pueda bloquear ese contacto personal con Jesús vivo. El demonio puede tratar de utilizar las heridas de la vida *—mi realidad—*, y a veces nuestros propios errores, para hacernos sentir que es imposible que Jesús realmente nos ame. Esto supone un peligro para todos vosotros: pensar que sea imposible que Cristo se adhiera a mí siendo como soy (…) Y tan triste porque es opuesto a lo que Jesús realmente quiere, y os espera simplemente para decíroslo, no solo que os ama, sino que os anhela, os echa de menos cuando no os acercáis a Él. Os ama siempre, incluso cuando no os sentís dignos. Cuando no sois aceptados por vosotros mismos, o incluso cuando no os sentís amados por los demás, Él es el único que os acepta siempre. Hijos míos, no tenéis que ser diferentes para que Jesús os ame. Sois preciosos para Él. Acercaos a sus pies los que sufrís, abrid tan solo vuestro corazón *—id adentro ahora, no afuera, al ideal que se cumpliría en un futuro—*para ser amados por Él tal como sois. Él hará el resto.

Aceptar hoy mi realidad, vivirla en mi interior, compartir mi fracaso, miseria o debilidad —como se puede compartir con el novio o con quien sé que me quiere—, recibir su cariño hacia mí tal y como soy, descubrir cómo es su amor incondicional por mí, esperar de Él la liberación: eso es la santidad.

No es trabajo a llevar a cabo en un futuro, sino algo a vivir desde ya.

Cristo sufre con mi pecado, pero no le afecta a su amor por mí

En el libro *Qué hace una chica como yo en un sitio como este* una joven monja gallega relata un episodio de su vida. Sale de fiesta con sus amigos un sábado noche con 18 años; en plena fiesta, su grupo saca unos porros; le ofrecen, y acepta. A los pocos minutos experimenta un subidón que hasta entonces nunca había sentido; feliz y alucinada por su elevado nivel de alegría, no duda en coger el teléfono para compartirlo con la amiga con quien comparte sus intimidades, que resulta ser su monja confidente.

«Me he metido un par de porros, y no sabes lo feliz que estoy», le dice. Del otro lado no recibe ninguna palabra, pero percibe el sonido de un lloro contenido. Le pregunta si pasa algo, pero no recibe más que un cariñoso «pásalo bien». Aquello hace pensar a la joven y en el libro lo valora como uno de los hitos que la condujeron, mucho tiempo después, a un convento de clausura. De ahí el título del libro.

Traigo este hecho para hacer ver que compartir no significa que «lo único importante es compartir y los hechos no importan». La joven comparte, y su amiga monja sufre. No es un *todo vale*, y *con que aceptes y me compartas no pasa nada*, todo da igual. Los hechos y comportamientos, los pecados y el mal realizado, dañan a uno mismo, pueden dañar a otros, dañan a quienes me aman. A Dios le duele, Él lo sufre; pero no afecta mínimamente al amor con que me mira, como no restó a la monja cariño por su joven amiga. Me sigue mirando con pasión por mí, me sigue queriendo y —me atrevería a decir— me quiere incluso más que antes. La monja, al ver que la amiga corre riesgo de meterse en la droga o en círculos que le pueden hacer daño, la quiere más si cabe, pues sabe que necesita más de ella. Si yo comparto con Cristo mi miseria, su amor por mí es —si cabe— todavía mayor. Cuanta más miseria acepto y comparto con Él, más fácil me resultará descubrir su amor por mí. Con mi pecado no empieza un proceso de desprecio hacia mi persona, sino una espiral de mayor misericordia, compasión y cariño. Un mayor desvivirse por mí…

No solo quiero remitirme al episodio de una joven *fumata* con su monja. Me remito a las palabras de Cristo que reconozco que un día me dejaron boquiabierto, a pesar de que las había escuchado y leído mil veces antes: un fariseo le invita a comer. De repente entra en la casa una pecadora pública, que se ha enterado de que Jesús está comiendo allí. Entre sus manos lleva un frasco de perfume. Sin que nadie logre impedírselo, llega hasta Jesús, rompe el frasco, le perfuma los pies, le frota con sus cabellos, le unge con el perfume… «Si este fuese un profeta sabría quién es esta mujer que le está tocando, y lo que es, una pecadora». La respuesta de Jesús: «Simón, tengo algo que decirte… Un prestamista tenía dos deudores. Uno tenía 500 denarios y otro tenía 50. Entonces, como no tenían con qué pagar, les perdona a los dos… ¿Cuál de los dos le amará más?».

Respuesta de sentido común por parte de Simón: «Supongo que aquel al que le ha perdonado más». Conclusión de Jesús: «Has juzgado sabiamente». Y volviéndose a la mujer le dijo: «Ves a esta mujer. Cuando yo he entrado en tu casa, no me pusiste agua para los pies; ella en cambio me ha lavado los pies con sus lágrimas. Me ha enjugado los pies con su pelo. Tú no me los besaste, y sin embargo, ella no ha parado desde que he entrado. Por eso, dice a la pecadora, tus pecados están perdonados, porque tienes mucho amor, pero al que poco se le perdona, poco ama».

No se puede decir más claro. Cuanto más me dejo perdonar por Dios, más me ama Dios. Ya se ve que con mi realidad no crece la paciencia de Dios, sino su cariño. Somos criaturas imperfectas e impuras —«todos los que han venido antes que yo eran ladrones y salteadores»—. Puedo maquillarlo, disimularlo o negarlo, pero también puedo reconocerlo —aunque me cueste sudor, porque resulta costoso admitir que me he fabricado mil máscaras que no son yo—, reconocer mi verdad y mi impotencia, reconocerlo tranquilamente y decir: «Ese soy yo». Decirlo en el corazón, en ese nuevo contexto que comparto con Cristo. Él acepta, perdona y ama como nunca imaginé.

Resulta paradójico. Cuanta más miseria le pueda presentar, cuanto más error y debilidad reconozca, más me amará Dios. Es como si uno se pudiese alegrar por la basura que encuentra en su interior. Porque sabe que hay un Padre que va a curar todas sus heridas, que las va a besar, que le va a animar y a respaldar, haciendo causa común con él. Este es el momento en el que descubre hasta qué punto le ama Dios, y es entonces cuando se abre y aprende a querer a su Dios.

Todo nace de ahí: de mi realidad aceptada y vivida en mi interior. No del ideal, sino de la realidad.

Lo que yo haga *también* importa

Por supuesto que lo que haga importa, pero prefiero que esto sea el último epígrafe, y vaya relativizado con el adverbio *también*. No es lo importante, aunque *también* importa.

Tan equivocado se encuentra quien todo lo fundamenta en lo que hace —en sus méritos y en el cumplimiento de la Ley o de las normas—, como quien no da ningún valor a sus obras —siguiendo el grito de Lutero: «¡Cree más fuerte, y peca más fuerte»—. Pero como tenemos tendencia a controlar nuestro proceso, a querer pilotar nuestra santificación y a descansar en los méritos, quiero hacer cuatro apuntes rápidos por si pueden iluminarnos y evitar desconciertos o confusiones:

1. Amar dando lo que tengo y no lo que no tengo

Como una imagen dice más que mil palabras, me sirvo de un hecho de la vida de san Josemaría: en Navidad, en Roma se vive la tradición de poner en la capilla la figura de un Niño Jesús a partir del día 25. Es costumbre besar al Niño al término de las acciones litúrgicas. Tiene un encuentro, una tertulia, con un grupo de profesionales de distintos países que viven con él en Villa Tevere. Un joven americano le pregunta qué le dice él al Niño cuando le da un beso. La primera reacción del santo aragonés es la de guardar su intimidad y no querer marcar pautas en lo que es de cada uno: «yo le digo lo que quiero, tú dile lo que te dé la gana», viene a contestarle. Sin embargo, en seguida rectifica: «Pero mira, esta vez te lo voy a decir». Y le desvela que, cada vez que le da un beso durante esos días, le dice al Niño que le regala la pena que le da no quererle como le gustaría quererle.

Me parece buena pauta para la santidad: contar con nuestra propia realidad, con nuestro día real y nuestra acción concreta. Para ser santos no necesitamos esperar al momento en el que seamos capaces de darle lo que nos gustaría darle, sino que desde ahora —ya— podemos darle nuestra realidad. A veces nos acompañará el dolor de que sea así y no de otra manera; este es el dolor de amor.

Aunque, por ejemplo, no me hubiese acordado de Él ni una sola vez, puedo ser santo ese día: «Señor, no me he acordado de ti en todo el día, me da pena, y te regalo esa pena». Eso es ser santo.

¡No estoy hablando de trucos! ¡No es un discurso para consolar a los fracasados! ¡No! No es más que la realidad de dos corazones que quieren amarse: Él me quiere amar y yo le quiero amar. Yo le doy lo que tengo —no le doy lo que no tengo, ni dejo de darle porque no tenga—. Lo que tengo es que me he olvidado de Él durante todo el día, y le regalo la pena que me da, porque a los dos nos hubiese gustado que hubiera sido de otra manera. Lo que tengo, eso es lo que le doy. Ser santo es vivir junto a Dios: Él se me da y yo me entrego. Cuando lo que tengo es bueno y agradable, eso es lo que le doy. Cuando es malo o vergonzoso, le doy el dolor por que sea malo y vergonzoso, y el deseo de lo bueno.

Este modo de relacionarnos con Dios pone en movimiento un proceso de transformación de la gracia en el corazón, que lo cambia y diviniza. Él va transformando nuestro corazón.

2. Distinguir entre lo que depende de mí y lo que no depende de mí

De mí no depende tener buen carácter, porque tengo el carácter que tengo y no se conquista Zamora en una hora, como dice el refrán. Pero sí depende de mí la batalla de sonreír a una determinada persona la próxima vez que la vea.

3. No valorar mi estado por mi experiencia en comparación con otros

Solo quiero apuntar que para algunos no es sano contabilizar y medir actos —y mucho menos por comparación con otros—. Cada uno tenemos nuestro pasado, nuestra psicología, carácter, condicionamientos… todo un mundo somático, psicológico y espiritual muy concreto, que nos hace singulares.

No está mejor mi alma por haber dicho un taco que la de mi compañero, que ha dicho diez. El número no me indica el estado.

4. Distinguir entre lo que me mata la Vida y lo que hiere mi amor propio

Lo que me mata o me impide la Vida es negativo, y trataré de combatirlo con ayuda de Dios. Sin embargo, en ocasiones lo que más nos duele o rechazo produce en nosotros no es lo que nos mata, sino lo que nos hiere el amor propio: «tal cosa que me humilla, esa otra que evidencia que no controlo, omitir esa norma que me da seguridad o aquella que me hace sentir bien», pueden dolerme más que otros actos que me hacen un daño mayor. Quizá me duelen más, pero no porque sean peores, sino porque me hieren el amor propio.

* * *

Vuelvo al principio. Mi propuesta es que ahora, al terminar de leer esta misma página, digas: «¡SANTO YA!». Esta misma tarde, esta noche. Santo hoy.

Acepta y comparte, sal de la trampa del viaje hacia el futuro. Comparte tu realidad con Él, déjate querer tal y como eres, y espera la liberación de Él.

No te liberarán tus acciones, sino su poderosa acción misericordiosa, que nace del cariñoso abrazo que te da cada vez que te pones —sucio, sin disimulos, tapujos, ni excusas— delante de Él y dejas que te diga: «¡Cada día me gustas más!».

9 O LA LENGUA O LA VIDA

Somos amantes de la vida. La vida es un don, un regalo. Sin hacer nada por vivir, vivo; sin haberlo decidido, me encuentro con el hecho de que soy y tengo una vida en mis manos. El origen de este regalo no está en mí. Su principio se encuentra en otro que me la concede y la pone en mis manos. Este regalo es tan «inicial» que no he hecho nada por merecerlo, por lo que nada puede resultar tan gratuito como el don de la vida.

Esta vida que se me da es algo valioso, positivo. Se me da gratuitamente, pero en seguida advierto que no es solamente mía; más bien, yo la protagonizo.

A pesar de que el valor de esta vida sea infinito, está en mis manos hacerla valiosa o negativa. Hay personas que habría sido mejor para la humanidad que no hubiesen existido, y sin embargo otras han supuesto un enriquecimiento. Está en las manos de cada uno hacer de su vida algo positivo o negativo, rico o pobre, sublime o mezquino. El gran reto de la vida es hacer realidad las intenciones de quien está en mi origen, desarrollar las riquezas que se encuentran en mí desde el principio, hacer real lo que hay en mí, convertirme en lo que soy, ser fiel a mi belleza original. Como dice el poeta:

> Hay manos que acarician
> y casi casi ven.
>
> Ven y acaríciame y haz que yo sea
> la imagen que de mí tienen tus manos[42].

Lengua y corazón

Cada uno nos encontramos en un momento concreto de nuestra existencia, y vale la pena que nos detengamos a pensar cuál es el

[42] Lorenzo Oliván, "Imagen de tus manos".

valor de mi vida, de qué la estoy llenando, si estoy acertando en el modo de vivirla, si la embellezco o la arruino, si sumo o resto a la humanidad. Y quiero proponer, como elemento de ayuda en este discernimiento, que nos fijemos en algo tan concreto como es la lengua.

Sí, la lengua. Ella nos puede decir por dónde va nuestra vida. La boca delata la verdad o falsedad de nuestra vida, el amor o rechazo a los demás, la aceptación o no de mi existencia concreta. Dice la Escritura: «Pero lo que sale de la boca proviene del corazón, y eso es lo que contamina al hombre» (Mateo 15, 18). Y en otra ocasión: «No es lo que entra en la boca lo que contamina al hombre, sino lo que sale de la boca, eso es lo que contamina al hombre» (Mateo 15, 11).

¡Es tremenda la conexión existente entre lengua y vida, entre lengua y corazón! La lengua delata y manifiesta lo que hay dentro de cada uno. Por eso es importante que advirtamos qué es lo que llena mis conversaciones, lo que sale habitualmente por mi boca en casa, en la intimidad, en la universidad o en el trabajo, tomando unas cervezas, en mis desahogos confidenciales, en mis momentos de bajón, cuando me enfado y cuando me siento feliz.

Por un lado, de qué hablamos. Son muchos los que me dicen que con sus amigos nunca hablan de las cosas que realmente les interesan: el dinero ocupa un lugar importante en el minutaje de posesión del balón —lo que cuesta tal o cual, lo que gana el otro, lo que se paga por lo de más allá—; no menos importante es el tema del cuerpo y la sexualidad. Otro tema de conversación son las fantasmadas. Y las chicas o los chicos, según se trate. Todo esto podríamos encuadrarlo dentro de banalidades. De lo que habla la boca está lleno el corazón, y por eso «os digo que de toda palabra vana que hablen los hombres, darán cuenta de ella en el día del juicio» (Mateo 12, 36).

Pero no estoy proponiendo la complicada y estéril tarea de hacer una tabla de los tiempos y temas de los que hablamos. No es solo eso. Hay que ir un paso más allá, porque del estilo de vida personal nos da pistas *el modo en que hablamos de lo que hablamos*.

Todos hemos vivido situaciones en las que nos encontramos metidos en una conversación que no es nuestra —porque nuestros compañeros de la mesa de al lado en el restaurante hablan muy alto, porque en el metro escuchamos la conversación que se mantiene en nuestro cogote...—. Es fácil darse cuenta de que las conversaciones se mueven en unos planos determinados. No me refiero tanto al tema concreto que tratan, sino a la posición desde la que se miran los acontecimientos o las personas y al modo en que se habla de unos y otros. Hay conversaciones llenas de delicadeza y respeto, se hable de lo que se hable, y conversaciones zafias y rudas; hay conversaciones llenas de juicios acerca de cualquier cosa que se emiten desde una posición de seguridad y dureza, y conversaciones empapadas del temor de no saberse acercar adecuadamente a las realidades, pues se reconoce que son misteriosas y enigmáticas siempre en algún punto; hay conversaciones que resultan interesantes, y otras que no son más que banalidades más propias de besugos que de humanos; hay conversaciones en las que se conversa y dialoga, y conversaciones en las que se suceden monólogos en los que nadie escucha a nadie —quizá porque tampoco hay nada que escuchar—.

Tres usos negativos de la lengua

Temas y conversaciones pueden decirnos mucho acerca del valor de nuestras vidas. En mi propuesta querría detenerme en tres usos negativos y tres positivos de nuestra lengua.

1. La mentira

Resulta interesante explicitar lo que delata la mentira. Quien miente no acepta la verdad de lo que uno es o de lo que obra.

La mentira habla de un corazón descontento con la propia vida o con el modo personal de obrar; uno no está satisfecho con su vida y crea una realidad distinta de sí mismo que trata de proyectar hacia fuera, porque no quiere que los demás conozcan su verdadera vida —de la que no está satisfecho, total o parcialmente—.

La mentira habla de corazones insatisfechos y heridos, de corazones que no aman la vida y que, por lo tanto, no harán nada grande, porque en vez de rectificar han optado por falsificar.

Vamos más allá de la mentira de que «he cogido un atasco» cuando en realidad me he levantado tarde. Aunque tampoco son neutras esas mentiras, ahora hablamos de un vivir en la mentira, de una actitud de engaño, de vidas conformadas por la hipocresía. Somos vulnerables a la presión que ejerce sobre nosotros lo que los demás puedan pensar, y esto nos llena de tensiones. Gastamos muchas fuerzas en el trabajo de forjar la imagen que queremos proyectar, en el juicio que pretendemos provocar en los demás. No nos ocupa, entonces, nuestra vida, sino nuestra no-vida.

El día en que termine sus días alguien que haya vivido en la mentira —suena fuerte, pero es más frecuente de lo que uno podría imaginar—, se podrá decir de él que no vivió amando la vida, pues la gastó en una ficción de su mente, falta de realidad. La vida que le ocupó no era real: vivió en la mentira.

Está claro que la mentira delata la falta de valor de nuestra vida.

2. La crítica

Como cristianos queremos vivir aprendiendo del estilo de vida de Cristo y mostrarlo al mundo. Llevamos el Evangelio en vena, y hasta quienes no saben leer pueden aprenderlo en nuestras vidas.

Nuestro mundo tiene una necesidad tremenda de que los cristianos le enseñemos ese estilo. Y esta necesidad la concretaría, entre otras cosas, en lo referente a la crítica porque, como dice el salmista, «aguzan su lengua como serpiente; veneno de víbora hay bajo sus labios» (Salmo 140, 3). Me explico.

Recibía un *whatsapp* estos días con una frase de Madre Teresa: «Quien dedica su tiempo a mejorarse a sí mismo no tiene tiempo para criticar a los demás». Es de sentido común.

Recientemente anunciaba su boda un chaval de quinto de Ingeniería con su novia, que estudiaba último curso de Medicina. Me lo habían dicho desde el primer momento; llevaba años siguiendo sus planes, desde que en segundo de carrera abrieron una cuenta bancaria, se pusieron a dar clases particulares como unos locos, y fueron ahorrando para poder casarse cuanto antes. Me pareció fascinante su planteamiento.

Pues bien, anunciaron su boda. No puedo contar el número de personas que me daban la noticia y me preguntaban qué me parecía. Mi respuesta era clara: «¿Por qué tengo que opinar yo sobre lo que hagan ellos? Cuentan conmigo para lo que necesiten, y basta. A mí no tiene que parecerme nada, no tengo por qué dar mi opinión, no tengo que juzgar en absoluto. Solo a ellos, si me lo piden, les daré mi parecer».

No es lógico levantar una encuesta cada vez que alguien mueve un dedo fuera de lo previsible: es una decisión que ellos han tomado, en la que si quiero podré comprometerme del modo más adecuado. ¿Por qué tenemos que estar opinando todos de todo? La boda de estos buenos amigos recibió comentarios y juicios de cercanos y lejanos, de familiares y de extraños, de conocidos y desconocidos, de niños y ancianos, de compañeros y forasteros, de implicados y de cotillas…

Ir opinando acerca de todo lo que hacen los demás es muestra de inmadurez, aparte de poco sabio e inteligente, y poco respetuoso. Es preciso que seamos más conscientes de que no tenemos ni idea de todo lo que acompaña los actos y decisiones del prójimo. La crítica es siempre injusta.

Con una frecuencia que en nuestra sociedad resulta enfermiza —no exagero, alcanza los síntomas de una enfermedad— hacemos juicios de personas que no están delante. Un cristiano vive esto como una puñalada, pues todos los demás son hijos de Dios: son sus hermanos. Este tipo de comportamiento exige una toma de decisión: no me da la gana que delante de mí se comente nada negativo de alguien que no esté presente. Todo el mundo debería saber y tener la seguridad de que donde esté yo no se hablará mal de nadie. El mundo debe verlo hecho realidad en nosotros para creer que es posible vivir sin criticar. ¡Muchos piensan que no es posible!

Un amigo siempre comentaba: «vamos a criticar juntos, que une mucho». Lo decía en broma, pero es cierto que la crítica une, porque se establece una complicidad. Sin embargo, esa unión está constituida por un cemento de mala pasta, que no garantiza una larga pervivencia. Al final, la crítica crea una distancia mayor entre unos y otros.

El cristiano que escuche una crítica cortará, y si no lo ve oportuno, reinterpretará —es decir, justificará o dará la cara por el criticado—, y si no es posible, se irá. O corto, o reinterpreto, o me voy.

Preguntaba el Cura de Ars:

> ¿Qué diría usted de un hombre que trabajase el campo del vecino y dejase el suyo sin cultivo? Pues bien, ¡eso es lo que ustedes hacen! Continuamente hurgando en la conciencia del prójimo, y usted deja su campo sin trabajar... Cuando la muerte llegue, sentiremos haber pensado tanto en los otros y tan poco en nosotros. ¡Porque somos nosotros quienes deberemos rendir cuentas! Pensemos en nosotros, en nuestra conciencia, que siempre deberíamos mirar como miramos nuestras manos para saber si están limpias.

Y también decía:

> Hay personas que se asemejan a la araña, que son capaces de convertir en veneno las mejores cosas[43].

La araña de la crítica no se mueve solo en ambientes abiertos; se mueve de manera más sutil y venenosa en las relaciones íntimas y cerradas: en casa, con el novio o la novia, con la amiga íntima... Y siempre parece que une más, pues solo con los demás puede uno compartir hasta los juicios más privados. De nuevo la complicidad en el mal no puede dejar de dividir; antes o después, pero siempre se vuelve en contra de los cómplices. Siempre daña la relación, siempre estropea los corazones. ¡Aunque no se entere nadie, sabré que mi corazón se endurece y no es capaz de amar a esas personas como merecen ser amadas! «El hombre indigno urde el mal, y sus palabras son como fuego abrasador» (Proverbios 16, 27).

Me comentaba una joven universitaria: «Entre las chicas tenemos nuestro lenguaje». ¡Qué bien dicho! «Una sabe cómo marcar territorio con una mirada, desaprobar con un mínimo gesto, o destrozar a alguien con una sonrisa»... Con un «me da igual» puedes

[43] José Pedro Manglano, *Orar con el cura de Ars*, Desclée De Brouwer, Bilbao 2010, pág. 94, nº 6.7.

estar declarando amenaza mortal; un «no te preocupes, si no me importa» puede llevar todo el veneno de una acusación dura e irreversible que anula al otro, porque no ha sido capaz de darse cuenta de lo más elemental… Gestos, ruiditos, guiños y silencios son un lenguaje especialmente adecuado para la crítica, ya que permite destrozar a una persona sin mancharse de sangre, sin que además se me pueda acusar de nada, porque es verdad que a lo mejor no dije nada. Pero yo sé que, aunque nadie me pueda acusar, estoy acusado en mi conciencia.

El profeta Isaías declara: «Todos vosotros que encendéis fuego, que os rodeáis de teas que habéis encendido. Esto os vendrá de mi mano: en tormento yaceréis» (Isaías 50, 11). Quien con su lengua enciende el fuego en los demás termina víctima del fuego.

La crítica me habla de una vida violada y mal vivida. Si la mentira habla de no amar la vida de uno mismo, la crítica habla de alguien que no ama la vida de los demás tal como son.

Metería en este apartado también el uso de la lengua en los cotilleos. Que si uno sale con fulano o si ha dejado de salir… Hay personas que saben todo, metidas en todos los fregados, con el historial de cada uno… Pero no trato aquí este tema para hablar de la moral de estos actos, sino del estilo de vida del cristiano de hoy, del santo de copas: alguien que se alegra de vivir, que ama su propia vida y ama a los demás, y les deja en paz sin meterse en sus asuntos. Esto es un estilo de vida, opuesto al estilo de quien está siempre en lo superficial, en las apariencias, dividiendo y envenenando, que es el estilo del diablo.

Me daría pena no transmitir lo que pretendo. No quiero decir que vamos a ser buenos y a no hacer cosas malas como son la mentira y la crítica. No. Lo que querría transmitir es la necesidad de que el santo de copas entre en el mundo donde el veneno de la crítica y el cotilleo es alimento común. Entrar ahí, entrar de lleno, y hacerlo con un estilo de vida radicalmente opuesto, chocante, rompedor, que llegará a resultar insultante.

Los cristianos, como dice una canción, deseamos ser escándalo para el mundo. Este modo de actuar será escándalo para el mundo, no le va a gustar a muchos porque despertará e incomodará sus conciencias. Pero vamos a escandalizar. ¡El mundo necesita que los cristianos tomemos una decisión radical ante la crítica y el cotilleo!

San Josemaría usaba una imagen nada agradable, pero persuasiva, cuando afirmaba que antes de hablar mal de alguien se mordería la lengua hasta partirla y escupirla lejos.

Vamos a darnos cuenta de que no tiene sentido juzgar o hacer valoraciones acerca de las intenciones con que actúan los demás. Muchas veces no sabemos ni por qué hacemos nosotros las cosas… ¡como para saber por qué las hacen los demás!

Es algo nítido: ¡la crítica en la boca de un cristiano constituye el anti-evangelio! Así de claro. No se nos puede llenar la boca hablando del amor al prójimo mientras lo maltratamos con la palabra.

3. La queja

Con la mentira no amo mi persona en mi ser y en mi obrar, con la crítica no amo la vida de los demás y con la queja no amo mi vida tal como es.

«Me duele la pierna, qué mal día, no me da tiempo a nada». A diario escuchamos montones de quejas. Ante esta situación, es bueno recordar —con fe— que en el cuadro de nuestra vida no sobra ni falta ninguna pincelada. Todo lo que va ocurriendo lo puedo aceptar y amar, con todo puedo crecer. Amar la vida no es un canto vacío al cielo: es amar mi vida con los 40 grados de calor, con mi brazo partido, con lluvia, de vacaciones, con poco dinero, midiendo 1,72 m., gastando un 44 de pie… Se me invita a amar esa vida real en la que estoy helado de frío, en la que no encuentro mi sudadera porque me la ha cogido mi hermano, en la que se han comido mi cena… —será lógico que luego hable con mi hermano para que no me coja mi ropa o que investigue cómo desapareció mi cena de la cocina—, pero la queja delata que no estoy amando la vida real.

Es la vida en su realidad concreta la única que puedo amar y otra vida distinta a mi realidad no puedo amarla porque no es real. La queja es el rechazo de la vida en la realidad tal y como me llega, tal y como es.

Una chica preguntaba hace poco a una monja de clausura —en un convento en el que viven según las reglas que dispuso santa Teresa de Ávila—, qué hacían con el frío cuando estaban por debajo de cero grados. Ella le contestó sonriente que aprovechaban para pensar en los pobres que viven en la calle y unirse a ellos; de alguna manera, se solidarizaban con ellos, y así eran pobres unidas a los pobres. Al frío que paso puedo darle un sentido humano enorme. Soy animal de sangre caliente y acuso las temperaturas bajas. Afrontándolo, puedo hacer de él un arma que me ayude a crecer: acoger el sufrimiento, adecuar mi cuerpo a las distintas temperaturas, hacerme más invulnerable a ciertas enfermedades… Y al frío que paso puedo darle también un sentido trascendente, como esta monja. O no.

La queja es como el pataleo del pequeño burgués que protesta porque las cosas no son como a él le gustaría que fuesen. Es pataleo. Es infantil. Sin embargo, aceptar la realidad siempre, tal y como viene, para ser yo, para crecer, para construirme, para abrazar el mundo, para solidarizarme, para unirme a otros, para aumentar mi comprensión hacia otros que pueden pasar por la misma situación… eso es sabiduría. Vivir dando pataditas a lo que me desagrada sería una torpeza, sería vivir de modo necio.

En todo lo que vivo hay riqueza, en todas las circunstancias hay mensaje y Dios puede hablarme a través de ellas. En todas hay regalo si lo abrazo con abierta aceptación. No nos falta ni nos sobra ninguna de nuestras cruces. De cada una de ellas espera algo nuestro buen Dios:

! Pero... ¿qué tiene que ver el amor con algunos de los sufrimientos, los que nosotros llamamos *desgracias*?

Hasta el número de vuestros cabellos
—¡que ya es decir!— está contado.
Hasta la última de vuestras circunstancias
—¡por imposible que os parezca!— está pensada.
Hasta la más insignificante de vuestras casualidades
—¡así me gusta firmar a mí!— está prevista.

Los sufrimientos que os tocan vivir
—¡todos!—
están permitidos porque os convienen.
De cada uno quiere el Padre algo bueno para vosotros:
una pequeña muerte que posibilita algo mucho mejor,
una nueva vida.

Sufrid los sufrimientos
—todos—
porque no os sobra ninguno[44].

Tres usos positivos de la lengua

Hasta aquí los tres usos negativos de la lengua, que delatan corazones enfermos, vidas no plenas, comportamientos que no me permitirán ser grande ni sumar en este mundo. Craso error.

Como contraposición, propongo tres usos positivos que apenas enuncio y comento brevemente.

1. Alabanza

Si afirmábamos que la mentira vital niega el amor a la vida, ahora afirmamos que, en el polo opuesto, lo que expresa el amor a la vida es la alabanza. El cristiano llena su vida de alabanza.

Es elocuente el hecho de que María solo abra la boca dos veces en los Evangelios. Una de ellas, el *Magnificat*, es un canto de alabanza en el que vuelca hacia fuera su corazón:

Proclama mi alma la grandeza del Señor,
y se alegra mi espíritu en Dios, mi Salvador;
porque ha puesto sus ojos en la humildad de su esclava,
y por eso desde ahora todas las generaciones me llamarán bienaventurada,
porque el Poderoso ha hecho obras grandes en mí:
su nombre es Santo,
y su misericordia llega a sus fieles de generación en generación.

---

[44] José Pedro Manglano, *¿Se puede aprender a sufrir?*, Désclee De Brouwer, Bilbao 2002, pp. 60-61.

Hay muchas cosas que podemos decir —con estas u otras palabras—; desde por la mañana al abrir la ventana: «¡Bendita sea la luz del día y el Señor que nos la envía!», hasta las alabanzas con las que cerramos cada noche: «Sálvanos, Señor, despiertos, protégenos mientras dormimos, para que velemos con Cristo y descansemos en paz».

Dios es grande: debemos alabarle por su creación. Por la lluvia y por el sol. ¡Que la alabanza nos llene la boca muchas veces!

La alabanza nos sitúa en la Verdad y a través de ella afirmamos la Vida.

2. Alegrar

Frente al uso de la crítica, encontramos el uso de la lengua para alegrar.

Los cristianos debemos ser alegradores de vidas. Así con el taxista, con mi hermano, con la dependienta, con el vecino, con el compañero de curso… Hay que ir alegrando la vida a quienes nos encontramos. Sí: ¡los cristianos somos alegradores de vidas!

Recuerdo una señora amiga que proponía aprovechar el paro para que todos los municipios contratasen a alegradores de vida. Su función sería estar en la calle y decir: «¡Uy, qué grande está su chico!», «qué buena pinta ese pan que lleva, cómo huele», «¡menudo estilo tiene usted andando, consérvelo!», etc. No hacen falta estos funcionarios porque ya estamos los cristianos para hacerlo. No es ir diciendo cosas por decir; se trata de algo muy sincero y verdadero. Es ir descubriendo las maravillas escondidas en toda persona y realidad, ir explicitándolas y poniéndolas a la vista, para que los demás las puedan apreciar.

Alegrar es reconocer y transmitir vida.

3. Agradecer

Si paso frío, dar gracias a Dios por pasar frío. Si mi hermano me coge algo, «gracias Dios mío, porque me lo ha cogido».

Convertir la queja en agradecimiento, pues cualquiera de esas situaciones nos va bien: nos va bien pasar necesidad, la contradicción, los malentendidos, las enfermedades… Descubrir el don que se me ofrece en cada cosa, encontrar la lectura buena de esa circunstancia, y en vez de darle una patada, aceptarla con un «gracias». ¡Vivamos agradeciendo!

Domar la lengua

La lengua rehace y educa el corazón. Con la alabanza nos resituamos en la verdad y afirmamos la vida. Pendientes de alegrar, reconocemos lo bueno y valioso que encontramos, y generamos vida. Con el agradecimiento reconocemos la misericordia del buen Dios, escondida en cada detalle de nuestra vida. Así, *alabando*, *alegrando* y *agradeciendo*, nuestro corazón será transformado y nuestra vida será grande.

¡Qué importante es la lengua!

> Si alguno no falla en el hablar, ese es varón perfecto, que puede refrenar también el cuerpo entero. Si a los caballos les ponemos frenos en la boca para que nos obedezcan, gobernamos también todo su cuerpo. Mirad también las naves. Con ser tan grandes y estar impulsadas por fuertes vientos, son gobernadas por un pequeño timón, a voluntad del piloto. Así también la lengua es un miembro pequeño y se gloría de grandes cosas. Mirad cómo un fuego tan pequeño incendia bosque tan grande. También la lengua es fuego; como un mundo de iniquidad, la lengua está colocada entre nuestros miembros, contamina todo el cuerpo, inflama el engranaje de la existencia y, a su vez, es inflamada por la gehenna. Todo género de fieras, de aves, de reptiles, de animales marinos son domados y domesticados por el hombre. Pero ningún hombre puede domar la lengua, mal incansable, lleno de veneno mortal. Con ella bendecimos al que es Señor y Padre, y con ella maldecimos a los hombres, hechos «a imagen de Dios» (Gén 1,26s). De la misma boca salen bendición y maldición[45].

Tenemos que elegir: o la lengua o la vida. Si la domamos, generamos vida; si ella nos domina, sembramos muerte.

---

[45] Carta del apóstol Santiago 3, 2-9.

Es llamativo que Santiago, uno de los apóstoles, haga una afirmación tan tajante como la siguiente: «Hay quien se cree religioso y no tiene a raya su lengua; pero se engaña, su religión es vacía», afirma[46]. Sí, tenemos que elegir: o la lengua o la vida.

Quiero terminar con una sugerencia. Busquemos un buen domador. Cada vez que al comulgar Cristo toque nuestra lengua, aprovechemos para decirle con fuerza, fe e ilusión:

> ¡Señor, que esta lengua que acabas de tocar nunca la use ni para la mentira, ni para la crítica, ni para la queja! ¡Espiritualiza mi lengua! ¡Que la use para alabar, alegrar y agradecer!

[46] Santiago 1, 25-26.

La oración es el momento en el que yo me pongo a la escucha de ese Dios que ha empezado una historia conmigo. Sí: ¡Dios ha empezado una historia de amor conmigo! No a partir de un sentimiento o experiencia subjetiva, sino a partir de la misma creación en tantos momentos y hechos. Nuestra mentalidad occidental está formateada en el individualismo, y por eso nos cuesta entender que la historia que empezó con Israel es una historia que nos afecta hoy a cada uno de nosotros.

10 LO PRIMERO ES LO PRIMERO

Con frecuencia recurro al mensaje que recibí el día en el que mi quinta entró en el cuartel, nuestro primer día de «mili». Estábamos allí con bastante expectación, y éramos conscientes de que no sabíamos donde habíamos entrado. Nos hizo formar a todos un militar de baja estatura y bastantes años, nuestro comandante, y nos dijo: «Empiezan ustedes su servicio militar. Durante el tiempo que estén aquí no deben olvidar lo que les voy a decir. Si lo hacen, todo irá bien; si no lo tienen en cuenta, su vida será complicada en el ejército. Esto es lo que no deben olvidar: que lo primero es lo primero; que lo segundo es lo segundo y que lo tercero es lo tercero». Este fue su mensaje, que concluyó a renglón seguido dando la orden de «¡Rompan filas!».

Habla o escucha

Cuando se nos propone orar, muchas veces el primer movimiento es cerrar los ojos y mirar hacia adentro. Solemos ir hacia nuestro interior, entrar en la intimidad, eliminando otros elementos pasajeros, periféricos y circunstanciales, para quedarnos con el Absoluto, con ese ser trascendente que buscamos. En ese proceso de interiorización es posible que encontremos cierta paz, pero no conectamos con nadie; nos quedamos en una abstracción indefinida, en la que nos situamos más en lo esencial. Esta es una propuesta de las religiones orientales —me refiero a la meditación trascendental, por ejemplo—.

Cuando los cristianos hablamos de oración entendemos que esa búsqueda de conexión con Dios en la propia intimidad no es lo primero, sino que es lo segundo. Lo primero es que Dios habla; para nosotros, la oración no es introspección, sino escucha. En la oración la primera voz no es la mía. La primera voz es la de Dios.

Jesús nos enseña que nuestro Dios es un Dios vivo que ha elegido una forma de manifestarse. Hay una elección por parte de Dios de empezar una historia que ocurre en el transcurso del tiempo, en un lugar determinado. Es un Dios vivo que elige un modo de manifestarse en una historia concreta.

Deseo o revelación

En los últimos siglos en Europa la filosofía y el pensamiento han invitado al subjetivismo, que propone encontrar las verdades en el corazón del propio hombre. En un movimiento con sed de trascendencia, el hombre busca a Dios a partir de su deseo; se pone en una situación de trance concreta, para tener una experiencia interior que le permita conectar con lo trascendente.

El inicio del movimiento de búsqueda y apertura a Dios es el deseo de plenitud —como adelantábamos en el segundo capítulo—. Sin embargo, en la oración cristiana la conexión con Dios no es por la vía del deseo, sino por la vía de la Revelación: hay un Dios que se revela en la historia. El cristianismo es, por tanto, una religión histórica. Esta historia se da en concreto a través del pueblo de Israel, de Jesús de Nazaret y de la Iglesia. Estos tres elementos históricos son la mediación entre Dios y yo; a través de ellos Dios se me da a conocer, y a través de ellos yo puedo conocer a Dios y entablar relación con Él.

Lo propio del cristiano es escuchar a ese Dios que se da a conocer en lo objetivo-histórico-concreto. Lo propio de la actitud cristiana es la obediencia a la fe: Dios habla y yo escucho. Así, la Revelación se impone al deseo. Lo primero es que Dios me busca y habla. Lo segundo, que yo escucho y le deseo.

En la propuesta primera, la de la meditación de las religiones orientales, la que busca a Dios en el interior de la persona, se busca una conexión inmediata con la trascendencia. Busco conectar inmediatamente con el Absoluto en mi intimidad. En el planteamiento cristiano, sin embargo, el individuo busca el realismo de la historia en la persona de Cristo, una historia dramática, que ocurre y que es real. Dios se entrega en la historia y mi corazón lo acepta o lo rechaza.

En el nirvana y ese tipo de conexiones con lo absoluto prima la interioridad; en los cristianos lo que prima es la fe en la Revelación histórica que me da a conocer la historia de amor de Dios conmigo, por la que Dios se me manifiesta.

El cristiano es quien acepta la mediación elegida por Dios para manifestarse a nosotros, que es Israel, que se manifiesta en plenitud en la persona de Jesucristo, que continúa manifestándose vivo en su Cuerpo que es la Iglesia. Nuestra fe cree en esa mediación.

Inquietud u obediencia

«Yendo todos de camino, entró en un pueblo, donde una mujer, llamada Marta, lo recibió en su casa. Tenía esta una hermana llamada María, que, sentada a los pies del Señor, escuchaba su palabra, mientras Marta estaba atareada en muchos quehaceres. Al fin, se paró y dijo: "Señor, ¿no te importa que mi hermana me deje sola en el trabajo? Dile, pues, que me ayude". Le respondió el Señor: "Marta, Marta, te preocupas y te agitas por muchas cosas; y hay necesidad de pocas, o mejor, de una sola. María ha elegido la mejor parte, que no le será quitada"» (Lucas 10, 38-42).

Muchas veces se utiliza el ejemplo de Marta y María para contraponer la vida de la acción y la vida de contemplación. Lo que también encontramos en este pasaje —«María escuchaba su palabra»— es que contrapone la inquietud de quien tiene que hacer todo por sí mismo a la escucha y obediencia en la fe.

! Nuestra oración es fundamentalmente escuchar,
desarrollar una intimidad con Dios,
aceptar la alianza que Dios hizo con su pueblo Israel
—«Amarás al Señor tu Dios con todo tu corazón,
con toda tu mente y con todas tus fuerzas,
Yo seré tu Dios y tú serás mi pueblo»—;
y aceptar que Jesús renovó esa alianza
—«Tomad y comed mi cuerpo y mi sangre»—
por medio de la obediencia de la fe.

La oración es el momento en el que yo me pongo a la escucha de ese Dios que ha empezado una historia conmigo. Sí: ¡Dios ha empezado un historia de amor conmigo! No a partir de un sentimiento o experiencia subjetiva, sino a partir de la misma creación en tantos momentos y hechos. Nuestra mentalidad occidental está formateada en el individualismo, y por eso nos cuesta entender que la historia que empezó con Israel es una historia que nos afecta hoy a cada uno de nosotros. Lo que ocurrió en Israel, lo que le ocurrió a Jesús, lo que le ocurre a la Iglesia, me afecta a mí.

Dios me habla en todos los hechos de la vida de Jesús de Nazaret.

Interioridad replegada sobre sí o interioridad abierta a lo objetivo

Muchas veces decimos: «Es que yo me pongo a orar y Dios no me dice nada». Bueno, Dios ha dicho muchas cosas. Ha dicho todo lo que está en la Revelación, y todo eso me lo ha dicho a mí.

Enseñaba santa Teresa de Calcuta:

> Dios no habló directamente ni a Jesús, ni a María. Lo hizo a través de un ángel, de san José o del César, pero nunca directamente[47].

Y en otra ocasión añade:

> Leemos en las Sagradas Escrituras que un ángel habló con la Madre de Dios. Por la Biblia sabemos que Dios habló con Moisés y con otros, de cerca, como nosotros ahora. Pero con la Madre de Dios habló un ángel. Cuando María expresó su obediencia, ¿a quién dijo sí? ¡Al ángel!: «Hágase en mí según tu palabra». Esto es, no como dice Dios, ¡sino como dices tú![48].

El hombre occidental busca a Dios en su interior de manera *inmediata*: con experiencias subjetivas personales y sensibles. Sin embargo, el católico busca a Dios en su interior de manera mediada —y si además tiene experiencias inmediatas, bienvenidas sean—. Por eso el cristiano está tranquilo; cuando

---

[47] Teresa de Calcuta, *Donde hay amor, está Dios*, citado en *Mano a Mano con Santa Teresa de Calcuta*, José Pedro Manglano, ed. Freshbook, Madrid 2016, pp. 192-3.

[48] Teresa de Calcuta, *Madre Teresa*, citado en *Mano a Mano con Santa Teresa de Calcuta*, José Pedro Manglano, ed. Freshbook, Madrid 2016, p. 196.

se pone delante del Señor, escucha todo lo que le dice ese Dios que le busca, que actúa, que se le quiere revelar en cada hecho, en cada detalle…

Escuchar a Dios en todo lo que hace… Por qué se hizo niño, qué buscaba, por qué esos ángeles cantaban en el cielo, por qué nació sin casa, por qué pasó tan desapercibido a los poderosos del mundo, cómo reaccionaba su Madre… «¿Qué buscas, Señor? ¿Qué me dices, Dios, a través de cada uno de estos hechos?».

Dios elige una mediación histórica real y concreta para conectar con el hombre, y esa realidad se me hace personal si me abro a ella en mi interior. De este modo, interioridad y objetividad se exigen mutuamente: interioridad sin objetividad lleva a la abstracción y la trascendencia anónima; objetividad sin interioridad se reduciría a una historia que no tendría que ver conmigo.

No consiste en escuchar solamente los hechos y palabras de la Escritura, sino de la creación entera. El corazón de quien ora está a la escucha continuamente y en todo. Un cartujo experimentado lo expone: «En cuanto nos ponemos realmente a la escucha de Dios, el peligro de repliegue sobre uno mismo, de una fusión entre Dios y nosotros, se evita de verdad. Porque Dios no se repliega sobre sí mismo ni sobre nosotros. Permanece abierto a toda la creación».

San Pablo interpreta el susurro del Espíritu en nosotros como el gemido de la creación que gime con dolores de parto, a punto de ser recreada y pasar al mundo nuevo de la Resurrección. En la oración recogemos un eco de este gemido creador; el Espíritu intercede por el mundo entero, por el mundo material y por el mundo espiritual.

Orar es dejarse arrastrar a la nueva creación que crece lentamente en Jesucristo hasta su plenitud. Orar es coincidir con el brote de esta vida nueva en nosotros, que es la vida de la Resurrección. Orar es esperar impacientemente que esa vida me atraviese y me llegue: *Usquequo Domine?* («¿Hasta cuándo, Señor?»), ¡*Maranatha!* («¡Ven, Señor Jesús!»)[49].

---

[49] André Louf, *A merced de su gracia*, Narcea, Madrid 2000, págs. 225-226.

Interior solitario o interior habitado

En una de las misas de Adviento rezamos esta oración:

> Dios Todopoderoso, que amanezca en nuestros corazones el resplandor de tu gloria para que su venida ahuyente las tinieblas del pecado, y nos manifieste como hijos de la luz.

Pido al Padre que Cristo pueda hablar en mi corazón, que es donde yo encuentro ese nacimiento de Cristo, un nacimiento que es histórico, y que deseo que se dé de nuevo en mi corazón, para que amanezca en mí su luz. No una luz cualquiera, sino *su* luz. Dicho de otro modo: pedimos escuchar y reconocer en nuestro corazón los hechos históricos y las palabras de Dios. Esos hechos históricos y esas palabras de Dios, reconocidos en mi corazón, actúan y me transforman.

La oración es ese laboratorio donde yo escucho a Dios y me pongo obediente a lo que Él me va diciendo y enseñando. Acepto su palabra en mí y me ofrezco a seguirle, y Él va transformándome y haciéndome hijo de la luz.

Esto es consecuencia de lo más grande —y que todavía no hemos recordado—: Cristo nos dijo de muchas maneras y en repetidas ocasiones que el Padre y Él habitarían dentro de aquel que le aceptase, que el Espíritu habita en nuestro interior. Nuestra intimidad está habitada, y ahí, en el corazón de cada hombre, es donde nos encontramos con Él, donde se dan cita mi persona con la mediación objetiva elegida por Dios. Solo dentro de mí puedo encontrarme con Él, pero gracias a lo que ha ocurrido fuera de mí.

Para orar en el día a día

En nuestra oración es muy bueno que hagamos caso a lo que los salmos nos repiten una y mil veces: «Ámame con todo tu corazón, haz memoria, no olvides las maravillas que Yahvé ha hecho en ti y contigo, cuenta y canta las obras de Dios»[50].

[50] «Las palabras que hoy te digo quedarán en tu memoria, se las repetirás a tus hijos y hablarás de ellas estando en casas y yendo de camino, acostado y levantado» (Deuteronomio 6, 4-7); «Cantad al Señor un cántico nuevo, porque ha hecho maravillas» (Salmo 97); «Contad a todos los pueblos las maravillas del Señor» (Salmo 95), entre muchos otros.

Llevemos textos a la oración. Las buenas oraciones vocales recuerdan las obras grandes que ha hecho Dios con nosotros. La oración también se alimenta de esas obras. Propongo una serie de oraciones que son fáciles de seguir en el día a día:

—la escucha del evangelio del día;
—los salmos (en los laudes y vísperas, por ejemplo);
—el Padrenuestro, que es rezar escuchando;
—el Avemaría;
—las obras de Dios en la vida y en las enseñanzas de los santos;
—las oraciones de la liturgia, de la misa del día.

Ofrecer nuestro corazón a la fuerza huracanada de Dios en el mundo

> Dios quisiera enseñarnos a que nos prestásemos
> eficazmente a la fuerza que, como un huracán,
> se desencadena continuamente sobre el mundo y su Iglesia.
> Pero nosotros apenas sabemos captar esa fuerza divina
> porque nos encontramos en una longitud de onda totalmente
> distinta o porque trastornamos el obrar de Dios
> con nuestras propias emisiones y actividades intempestivas.
> Habría que detenerse un momento para hacer silencio
> a fin de que el obrar de Dios pudiese emerger en nuestro corazón.
> Una vez percibidos los signos que nos enmascaran su forma de obrar,
> sería preciso que nos entregáramos en cuerpo y alma.
> En suma, se trata de pasar de un activismo
> bien intencionado pero inconsiderado,
> a una cierta pasividad en la misma acción
> que permita a Dios trabajar en cada uno de nosotros.
> Este paso implica a menudo una crucifixión[51].

Nuestro mundo nos necesita. Nuestro mundo necesita ser salvado e iluminado por la fuerza de Dios. Si el mundo piensa que Dios está muerto es porque no ven su fuerza por ningún lado. Pero la fuerza de Dios, como la de un huracán, quiere actuar sobre el mundo y sobre la Iglesia. Dios ha querido necesitar de

---

[51] André Louf, *A merced de su gracia*, Narcea, Madrid 2000, p. 172.

personas que le ofrezcan su corazón para derrochar su fuerza a través de nuestras vidas.

La oración es tiempo de silencio, tiempo largo de silencio, para que emerja en nuestros corazones el obrar de Dios, las intenciones de Dios, la fuerza de Dios. En esos ratos dedicados solo a Él, le escuchamos; Él educa nuestros corazones, nos ilumina los hechos de cada día, se nos descubre en los que conviven con nosotros y especialmente en los que sufren, nos hace capaces de sus obras «e incluso mayores» —como Él nos decía—.

El mundo necesita cristianos de oración. El resto lo hace Él.

No hemos quitado ningún valor a la interioridad; sin interioridad no hay oración. Eso sí, respetaremos el orden. Lo primero es Dios que habla; lo que yo diga es lo segundo. Lo que yo digo es fundamentalmente ofrecer mi corazón.

Oración es escuchar en la obediencia de la fe, como María.

11 NO SOMOS LA RELIGIÓN DE LA CRUZ

La familia cristiana tiene muchos siglos de existencia. Lógicamente, según lugares y tiempos, al ser un fenómeno que se vive en sociedad, las personas que vamos haciendo la Iglesia en cada momento le damos un estilo propio. Es normal. De la misma manera que en la oficina de una empresa, según las personas que estén, se respira un ambiente u otro. Dentro de este estilo que se vive, se ponen de moda o entran en desuso planteamientos, modos de expresarse, maneras de enfocar determinadas cuestiones… Los cristianos tenemos tics, como todo grupo humano. Querría tratar uno de esos tics que pienso que sufrimos ahora y que no nos hace ningún bien. Un santo de copas debe situarse en las antípodas de ese tic que ni gusta, ni resulta atractivo, ni es verdad, ni atrae, ni hace justicia. Tenemos que acabar con él.

Un tic al que nos hemos acostumbrado y muy dañino

Hace poco cenaba con unos amigos —un sacerdote y varios seminaristas: un par de universitarios que han decidido incorporarse al seminario el curso próximo, y otros dos que se lo están pensando—. Después de un buen rato hablando de todo y de nada, conociéndonos, uno de ellos pregunta qué tal es la vida del seminarista y del sacerdote. Las contestaciones tenían su interés, pero he de reconocer que al cabo de un rato no aguanté más. Hablando de una cosa y de otra, el tic les acompañaba: «Es duro, pero aunque es duro, hay que tener sentido del sacrificio», «vale la pena sacrificarse por obras grandes», y otra vez el sacrificio, la entrega, la dureza, y de nuevo el sacrificio, «algunos tienen que estar ahí para servir» —les faltaba decir: y bailar con la más fea—, pero sacrificarse es bueno, en la vida no todo es jauja»… Todo aquello me iba provocando una alergia que iba *in crescendo*, hasta que lo dije: «¡No estoy de acuerdo! ¡No me gusta nada ese enfoque! ¡No pienso que eso refleje el cristianismo de Cristo! ¡Pienso, más bien, que es un mal tic que hemos adquirido!».

Los santos de copas deben gritar muy alto que el cristianismo *no* es la religión de la cruz. ¡No! ¡El cristianismo *sí* es la religión del amor!

No se trata de una cursilada. Es cierto que Cristo habló de la cruz, y en muchas ocasiones: «Quien no carga con su cruz de cada día», «el Hijo del hombre será elevado en una cruz», «el grano de trigo que no muere»… Él mismo murió en una cruz. Sí, esto es así. Pero cuando Cristo habla de la cruz no está hablando de lo esencial, sino que está hablando de una medida. Es como si dijese: «Yo os hablo del amor, y la medida del amor es la cruz». En otras palabras: «Yo os hablo de amar, y amar siempre, y seguir amando sin medida o límite, aunque amar te lleve a morir en una cruz por el amado». Eso es lo que nos dice Cristo.

La cruz solo es la medida, o un modo de decir *sin medida*

Esto no es un matiz, un aspecto secundario en un enfoque. ¡No! Resulta tremendamente dañino pensar que como cristiano estoy llamado a vivir la religión de la cruz, la religión de la abnegación, la religión del dolor, la religión del sacrificio… ¡No es así! Por supuesto que hay abnegación, sacrificio, dolor, y mil cosas más. Pero eso no es lo principal. Esas exigencias están implícitas en el proyecto de cualquier persona que quiera amar en libertad: son el camino del amor y del vivir libremente. Lo propio del cristianismo es: «ama, ama siempre, ama ocurra lo que ocurra, ama aunque te cueste morir, ama aunque te cueste morir y esa muerte sea crucificado en una cruz»… ¡La medida del amor a los demás hasta la muerte en cruz, eso sí es propio del cristianismo!

Un ejemplo, malo pero gráfico. La montaña es un gozo, una experiencia brutal con la naturaleza, una lucha de superación, un diálogo con la creación, un sumergirse en la contemplación, un exigirle al cuerpo y poner a prueba la preparación física. También es verdad que quien hace montaña tiene la experiencia de que si las uñas de los pies las llevas largas, durante los descensos se sufre mucho y acabas sangrando, por lo que es muy recomendable recordar que hay que cortarse las uñas de los pies antes de subir a la montaña. Una persona a la que le preguntasen cómo es la vida del montañero y que empezase a hablar del rollo que supone cortarse las uñas de los pies antes de salir, y no saliese de ahí, sería un pobre montañero. No es lo mismo, pero el cristiano que da un protagonismo desmedido a la cruz es un pobre cristiano.

Por supuesto que la vida es maravillosa, pero es lucha. «La vida del hombre sobre la tierra es milicia», dice el libro de Job. Hay lucha, combate, milicia, enemigo, trampas, esfuerzo, conquista, derrota, enfermedad, convalecencia, gozo... La vida es gozosa y es difícil, es dura e inteligente, requiere pasión y emoción. Amar es difícil, la sexualidad es difícil, vivir en libertad es difícil, la paz es difícil… Que sea difícil no es algo negativo. Todo eso son retos en los que los hombres vamos aprendiendo a ser humanos. El hombre, para hacerse humano, pelea. Ese es el reto de vivir. No se nos regala nada: ¡todo lo bueno es conquista! La vida es seria y apasionante.

Pues bien. Lo que nos enseña Jesucristo no es la religión de la cruz, sino la religión del amor, y de un amor que no tiene medida. Su medida es la muerte, esto es, que aunque me amenacen con la muerte seguiré amando, aunque me claven en una cruz no dejaré de amar.

El amor concreto y la cruz de cada día

«El que quiera seguirme, que coja su cruz de cada día», nos dice Cristo. Querría que nos detuviésemos en esta cruz. Vamos a desplegarla en tres fases. Claramente es un único acto, pero vamos a desglosarla artificialmente para entrar en ella.

Esta cruz significa, en primer lugar, *aceptación*. Así, Jesús me invita a aceptar cada día mi realidad, la realidad del otro y la realidad de la vida: aceptar mi malestar físico, mi bajón anímico o mi desconcierto espiritual, aceptar el cambio del otro, su infidelidad o su cariño tierno hacia mí, aceptar la rutina, el día de lluvia o de calor insoportable, el aburrimiento o la ilusión de lo que tengo que hacer en el momento...

Aceptar… y *amar*. Esto es, en esa realidad mía, del otro o de la vida misma, seguir amándome a mí, amando al otro, y amando la realidad del día de hoy.

Aceptar, *amar*, y *superar toda medida* en el ejercicio de amar. En primer lugar, sin la medida de que yo, el otro o la realidad tengan que ser como a mí me gustaría que fuesen —esto es la aceptación propiamente—. Pero si además soy capaz de ver más allá, de percibir que en cada una de esas realidades está el amor providente del buen Dios que me acompaña y vela por mí, podré entender que esa aceptación es vivir en una profunda obediencia en la fe.

¿Otras medidas a superar?

—*El dolor*. Hay que aceptar y amar sin un dolor límite. «Amar aunque duela, o mejor, hasta que duela», como le gustaba decir a santa Teresa de Calcuta.

—*El cansancio*. Hay que amar por encima de mi cansancio, o mejor, que mi cansancio no limite mi amor y mi entrega al de al lado. Si otro me necesita o me pide un favor, y yo no puedo hacerlo porque estoy muy cansado, o porque tengo que trabajar al día siguiente, o porque ya es de noche y no he parado en todo el día, o porque tendría que ir hasta allí y está lejos y llevo días muy cansado… Ahí está la enseñanza y petición de Cristo a nosotros, sus discípulos: «Coge la cruz de hoy y ámale sin el límite de tu cansancio».

—*Mi tiempo*. Que mi tiempo no sea límite de mi amor. Que no deje de entregarme por no tener tiempo. El amor es ingenioso y encuentra el modo de dilatar el tiempo, y de dar preferencia al otro renunciando a mis tiempos personales. Cuando amamos poco o con medidas más pequeñas que la medida de la cruz nos creemos que necesitamos tiempo para nosotros. Pues no. No tengo límite en el tiempo ante el amor que el otro me exige y me reclama.

Ni las expectativas que yo tenía, ni el dolor, ni el cansancio, ni el tiempo pueden apartarnos del amor.

Amar hasta la cruz es el estilo de vida cristiano: ¿*me* lo monto o *se* lo monto?

Hay cristianos que piensan que es compatible vivir haciendo actividades pías —rezar, ir a misa el domingo e incluso entre semana algún día, visitar pobres, buscarse privaciones o mortificaciones comiendo menos o incomodando a su cuerpo—, y vivir *montándoselo*. Quieren ser cristianos y vivir siendo buenas personas, tratando de hacer bien las cosas e incluso evitando cometer maldades; pero al mismo tiempo viven pendientes de montarse el fin de semana, las vacaciones, el tiempo libre, el uso del dinero... El *me lo monto*, aunque vaya acompañado de Horas Santas y algún voluntariado que realizo si no me incomoda demasiado, es no entender lo que Cristo nos quiere enseñar, no entender su novedad: ¡el amor sin medida!

Quien así se comportase no seguiría los pasos de Cristo ni estaría dejándose enseñar por su vida; difícilmente conectará con Cristo, más difícilmente todavía será transformado por la vida del Espíritu de Cristo y no podrá contagiarlo aunque invite a sus amigos a mil actividades cristianas.

Jesús nos ha elegido. Sus discípulos tenemos su estilo de vida. Recordaba el Papa Francisco en Kenia, el 26 de noviembre de 2015:

> Todo el que se dejó elegir por Jesús es para servir; para servir al pueblo de Dios, para servir a los más pobres, a los más descartados, a los más humildes, para servir a los enfermos y a los ancianos, para servir también a la gente que no es consciente de la soberbia y del pecado que lleva dentro.

Cristiano no es el que se lo monta a sí mismo, sino el que vive pendiente de *montárselo a los demás*. Se plantea el fin de semana con el objetivo de ver cómo le organiza el fin de semana a su familia, o a sus amigos, o a desconocidos que sufren por cualquier causa, o a las personas del grupo con el que comparte su fe, o a sus compañeros de universidad... ¿Cómo se lo monto a ellos? ¿Qué les conviene? ¿Qué les gustará? «Este plan no parece ser el más divertido del mundo, pero sé que a mi madre le descansa, o que a mi hermano le apetecerá»… Y así se une a todos: «Durante el fin de semana me someteré libremente a las preferencias que los demás puedan tener; esos días viviré para montárselo a mi familia, y me las ingeniaré para que estando en medio del campo, donde no hay ni grillos, se lo pasen mejor que si estuviésemos en Disney World».

Cuando tiene que elegir entre unos y otros, se plantea el lugar donde pueda hacer el mayor bien, y deja su decisión en manos de Jesús: «donde Tú prefieras que esté, ahí quiero estar». Y si tiene dudas —que es normal—, puede ser bueno consultarlo con la persona que le acompaña espiritualmente para que le ayude a discernir. Amar en la *sin medida* de la cruz significa que toda decisión quiero tomarla con Cristo, que en toda elección quiero elegir con Él, que solo quiero hacer lo que Él prefiera. Y esto el fin de semana, y la hora libre que tengo a mediodía, y el puente de no sé qué, y las vacaciones de Semana Santa y cualquier otro momento del que disponga en mi vida… ¡Vivir siempre amando!

Seguir a Cristo es vivir según este espíritu, de acuerdo con este estilo. Es una óptica a la que Cristo nos conduce: este es el estilo de vida cristiano.

Este estilo de vida no se adquiere en dos días. Toda la ascética de Cristo es el camino que nos prepara para ser capaces de vivir de este modo, amando hasta la cruz: lucha, exigencia, evitar el corazón embotado por vicios o preocupaciones, pobreza, tiempos para la oración, morir a uno mismo, servir, ser el último, aprender de los niños, dar de lo que hace falta para sobrevivir… Todo eso es un camino de liberación para ser capaces de amar «a lo cristiano».

Y en cuanto nos demos cuenta de que nos metemos en fangos, reaccionar con paz y rapidez: ¡he olvidado la religión del amor! Y volver a buscar cómo amar más, aquí, ahora, sin límite, como me necesiten… Reafirmarnos en el deseo de vivir en esta órbita: «¡Señor, que me he vuelto a enfrascar en mis cosas! ¡Que he vuelto a anteponerme a mí! ¡Que esta tontería ha sido más grande que mi amor, y me he enfadado o le he evitado o le he mandado a paseo!». Y con la ayuda de Dios, volver a la órbita cristiana.

¿Te has dado?

Jean Guitton, gran filósofo francés del siglo XX, a sus 98 años escribe un libro formidable y audaz en el que cuenta su agonía, su muerte, su funeral, su Juicio… Y en el momento del Juicio, relata los supuestos hechos así:

> –Jean, ¿qué es el juicio de Dios sobre el hombre?
> –La manifestación del juicio del hombre sobre Dios.
> –¿Cuál es tu juicio sobre Dios?
> –Creo que Dios es verdadero. Creo que Dios es justo. Creo que Dios es amor. Cristo movió la cabeza. San Pedro me interrogó, con un tono de pronto más grave.
> –Todos los aquí presentes hemos definido el amor con las palabras de Teresa de Lisieux: amar es darlo todo y darse a sí mismo. Tengo que hacer ahora, en presencia de todos, la gran y única pregunta: Jean, ¿te diste?
> No respondí. Hizo de nuevo su pregunta.
> –Jean, ¿te diste?
> En ese momento me desmayé y me habría caído del sillón a no ser por los dos ángeles suizos que se precipitaron para sostenerme. Enderecé la cabeza. Unas gruesas lágrimas corrían por mis mejillas. San Pedro retomó la palabra.
> –Jean, tu último día ya llegó y pasó. Ahora es la Hora suprema. El Juez va a fallar. Piensa que es el Amor el que te juzga. Eres juzgado sobre el amor. Debes responder a esta última pregunta. Jean, ¿te diste?
> Entonces, lentamente, con dificultad, yo, Jean Guitton, me levanté. San Pedro quiso decirme que continuara sentado, pero Teresa le tocó la mano y me dejó hacer. Me mantenía muy recto. Me mantenía muy recto a pesar de mi edad, los dos puños crispados sobre el bastón. El ángel fiscal, severo, observaba. Dejó su banco y vino a ponerse a mi derecha. Así, rodeado, empecé con voz ronca, que se fue aclarando. Y continué con una voz siempre ronca, pero *in crescendo*.
> –Viví. Morí. Estoy enterrado. Mi alma está desnuda, colgada a un no sé qué vertiginoso, como un arbusto en la pendiente de un acantilado. Ya no soy nada de todo lo que creía ser. Ya no tengo nada de todo lo que creía tener. ¡Ah! Si hubiese dado todo o simplemente perdido todo en vida, no me sentiría tan pegajoso. ¡Quién podría decirme por qué me siento tan pegajoso![52].

[52] Jean Guitton, *Mi testamento filosófico,* Encuentro, Madrid 1998, p. 158.

Así es: solo hay una pregunta. Cuando nos acostamos por la noche, solo hay una pregunta: «Josepe, ¿te has dado?». Y responder. No si he dado cosas —limosna, tiempo, etc—. No. La pregunta es *si me he dado yo*. Es importante vivir gastándonos, consumiéndonos. ¿Me he gastado hoy? No estamos hablando de héroes, sino de la vida de Cristo y de quienes queremos seguirle. ¿Hoy he tenido tiempo para mí? ¿He dedicado a los demás el tiempo que necesitaban? ¿Hoy me lo he montado? ¿Quién necesitaba que se lo montase? ¿Con qué persona he puesto límites en el trato o en la entrega?

¿He buscado la comodidad o la complicación?

La búsqueda exagerada de la comodidad es un problema que nos ataca con frecuencia a nosotros los occidentales. Pensamos que debemos esforzarnos y empeñarnos en conseguir que nuestra vida sea cómoda. Y lo que podría ser una comodidad en ciertos ámbitos que dignifican la vida humana —como la comida, la limpieza, la higiene, el descanso, el ocio, la salud, el confort—, que son buenos, se expande a otras esferas. Entonces, de modo inconsciente, vamos constituyendo como objetivo de nuestra vida el vivir cómodamente. Este estilo burgués no es cristiano; es propio del burgués buscar instalarse en la comodidad. Es propio del cristiano buscar la complicación. Sí: ¡complicarse la vida todo lo posible!

«No me duele nada, no estoy cansado, hago deporte, tengo todo controlado, estoy durmiendo todo lo que necesito, he conseguido comer bien y no engordar, tengo el dinero suficiente para lo que voy gastando, estoy muy dentro en el grupo»... Todo eso está muy bien, pero ¿te estás dando? Porque el objetivo de la vida no es vivir para mantenernos. El argumento de mi vida no es vivir sin cansancio, o sin bostezar, o sin arrugas… ¡El argumento de mi vida es complicármela!

Una vida complicada no es el horror, no es una desgracia de la que huir. Complicarme la vida es mi pasión; no por tonterías ni de manera inútil, sino complicarme la vida amando. ¡No he conocido un amor que no complique la vida!

Algún maestro espiritual oriental recomienda en sus escritos no amar. «Si amas —enseña él— te haces vulnerable a quien amas; el número de amenazas que pueden perturbarte y provocarte sufrimientos se multiplica. Y si amas a diez, se multiplica por diez tu vulnerabilidad». Y tiene razón: si quieres evitar sufrimientos, no ames.

¡Qué contrario a lo que nos dice Cristo! Ama, y ama hasta la cruz, y complícate la vida. Si quieres amar, no te preocupes de sufrir mucho o poco.

¡No huimos de complicarnos la vida! En el Evangelio vemos cómo Cristo va de un sitio a otro, y madruga, y cuando están a gusto con Él en un poblado y le piden que se quede con ellos un tiempo, les contesta que se va porque le esperan en otros poblados…

Nos venden que la vida ideal es la vida cómoda. Esto no solo no es cristiano, sino que no es verdad. La vida cómoda es tremendamente aburrida, acotada en las zonas de control, temerosa siempre de perder su confort conquistado y sus seguros de vida... La vida burguesa es pequeña y triste, aunque se traslade en descapotables entre hoteles de cinco estrellas y gaste sus días libres en viajes a todas las capitales en las que hay estudiantes haciendo un Erasmus.

¡La ilusión del seguidor de Cristo es conseguir complicarse la vida por todos los que necesiten parte de su vida! Sabe que tiene su vida para compartir todo lo que tiene y de lo que dispone —no solo dinero sino alegría, juventud, emoción, hobbies, cantar bien o ser un manitas…—. Compartirlo *con* y ofrecerlo a todo aquel a quien le pueda venir bien o lo pueda necesitar.

Que cada uno notemos que nos estamos gastando y sin creernos víctimas: la única víctima es Cristo.

Pasar del voluntariado al *compartiriado*

Por eso no me gusta la palabra *voluntariado*. Resulta pobre. Solo hace mención a que se realizan obras por los demás de modo voluntario y sin gratificación económica. Esta forma de definir las actividades tan solo pone de relieve el querer libremente prestar una ayuda: quiero ayudaros dándoos algunas cosas que tengo —tiempo, habilidades, dinero o lo que sea—. Es correcto. Pero sabe a poco.

Me gustaría más llamarlo *compartiriado*: no vengo a ayudarte dedicándote algo mío, sino que vengo a compartir lo que tengo contigo y a que tú compartas conmigo lo que tienes. Estamos unidos y juntos nos enriquecemos. Compartimos mis dones y tus dones, te enriquezco y me enriqueces. Quizá voluntariado solo marca un sentido de la acción —del voluntario hacia el necesitado—, y olvida el doble sentido que se encuentra en esa actividad. *Compartiriado* habla de una hermandad universal, en la que no hay agraciados y desgraciados, sino que hay riquezas de un tipo y de otro. Cada uno tenemos las nuestras.

Tomemos una decisión: terminar con el *gran* «me apetece». Digo el *gran*, porque el «me apetece», tomado literalmente, es ñoño y propio de una adolescencia insoportable. El *gran* «me apetece» es esa misma actitud infantiloide matizada por el paso del tiempo y por el amor propio: «hago esto porque me compensa, esto porque me va bien, esto porque me siento realizado, esto porque así me sirve para el currículum, esto porque quiero tener tal experiencia, esto porque así lo podré contar y la gente flipará, esto para hacerme la foto para el Facebook»… En *el gran* «me apetece» del burgués —y tantas veces, del cristiano piadoso burgués—, las motivaciones siempre tienen el yo por medio: mis intereses y preferencias, mis gratificaciones y recompensas, incluidos los voluntariados.

Así somos los humanos: capaces de pervertir lo más santo. Entonces, fieles al espíritu de la palabra voluntariado, hacemos compatible el egoísmo con la actividad misericordiosa; es más, nos servimos de la ayuda voluntaria a los demás para alcanzar gozo y paz personales, para justificarnos y tranquilizar nuestra conciencia burguesa. Tremendo: podemos llegar a usar la desgracia del otro para sentirnos bien, o para tener una experiencia muy fuerte que nos haga sentirnos buenos. Tremendo, como tremendo es todo lo que toca el espíritu burgués. Santos de copas exige romper con este espíritu prostituido de algunos voluntariados y llevar a cabo verdaderos *compartiriados*.

Amar hoy, aquí y ahora: solo existe el amor encarnado en la realidad

Amar hoy, aquí y ahora es importante. Que no necesitemos efectos especiales para amar: irnos a las islas orientales para ayudar a los deficientes, cruzar el charco para ayudar a mendigos y ancianos… Amar sin efectos especiales es amar a esa compañera que me aburre, a mi abuela que no oye nada, o a mi madre, que es la de todos los días. En este amor del hoy, aquí y ahora mi vanidad no se alimenta: no hay heroísmos, ni espectadores, ni curiosidad, ni morbo, ni recompensa, ni experiencia, ni currículum…

Amar hoy, aquí y ahora es lo que Cristo nos enseña. Cuando nos salimos de este modo de vida es cuando entramos en las complicaciones, comparaciones, bajones, vicios, aburrimientos, inseguridades, complejos, enfados… Todo eso nace de quien no vive con la tensión del amor concreto.

Amar hoy, aquí y ahora significa no amar como me imagino que es el amor, sino como es en realidad. Necesitamos que nuestro amor se encarne. Solo se ama en lo concreto, solo hay amor si se ama la realidad. Y cada uno la nuestra: unos con una madre maravillosa y otros con una madre maravillosa pero enferma. Ahí, en esa madre enferma es donde yo amo. En ese amor a mi madre enferma es donde mi amor se encarna, donde aterriza, donde se hace grande mi capacidad de amar y donde me agiganto yo como amante.

Querría terminar con un par de anotaciones que evitarán desconciertos. Cuando nos cueste mucho amar a una persona, que no nos preocupemos demasiado. Tengamos paciencia con nuestro raquítico corazón. Quizá sea nuestra piedra de tropiezo. Aprendamos de esa circunstancia, pero tranquilos. No nos extrañemos. Y segunda, ser conscientes de que normalmente amamos a los que tenemos al lado más de lo que nos creemos. Aunque superficialmente haya enfados y cansancios, en el fondo les amamos más de lo que aparentamos, como lo ponen de manifiesto nuestras reacciones ante situaciones difíciles inesperadas o graves: muestran que ahí estamos cuando nos necesitan. La pena es que no aprovechemos para amarles hasta la cruz cada día.

Las tres preguntas de todas las noches

Me decía un sindicalista cristiano que los cristianos nos levantamos y lo primero que hacemos es ofrecer lo que somos y tenemos a Dios, con la ilusión de hacer todas las cosas buenas que Él desee hacer con nosotros y a través de nosotros durante ese día. Y que terminamos el día mirando con la ayuda de su Espíritu cómo se ha servido de nosotros, para agradecérselo, y examinando los límites en el amor que le hemos puesto o el bien que no hemos hecho, para pedirle perdón y ayuda.

Una propuesta final. Quizá podemos empezar cada día con esta oración:

> Aquí me tienes hoy; quiero dar y sobre todo, darme.
> Aquí me tienes para montárselo a quien lo necesite o pueda venirle bien.
> Aquí me tienes. Hoy no quiero estar cómodo, sino complicarme la vida para que los demás puedan disponer de mí, sin límites.

Y lo mismo al cerrar el día. Todas las noches, recogidos en nuestro interior frente a Jesús, hacernos estas tres preguntas:

> ¿Hoy me he dado?
> ¿Hoy me lo he montado o se lo he montado?
> ¿He buscado la comodidad o me he complicado?

De esta manera, día a día, reeducaremos nuestro corazón a lo cristiano. Cada día amaremos más nuestra religión del amor concreto y sin medida, del amor hasta la cruz.

Es importante que vivamos en ese «adentro», en la intimidad, en el mundo en el que estoy a salvo con mi Dios. Normalmente vivimos muy volcados hacia fuera y no entramos en nosotros mismos. El discípulo de hoy necesita rebelarse y dedicar tiempos buenos a adentrarse en su corazón, porque es ahí donde está llamado a vivir.

12 ESCANDALOSAMENTE ALEGRES

Hace poco, mientras oraba, me dejó muy desconcertado en un primer momento una conversación de Jesús con sus discípulos narrada en el Evangelio, que ya había escuchado, leído y comentado en mil ocasiones. Mi desconcierto se prolongó hasta ir cediendo paso poco a poco a la luz. Ahora esas palabras me resultan singularmente luminosas.

Jesús se dirige a grupos de personas que ya han decidido seguirle, que son ya sus discípulos y les dedica palabras, advertencias y parábolas que les enseñan cómo ser seguidores suyos. Lo hace en muchas ocasiones que recogen los Evangelios; lo hace a quien las escucha cada vez que Él mismo las proclama con su boca, que es la Iglesia; lo hace con nosotros gracias al Espíritu que vivifica hoy esas mismas enseñanzas. Necesitamos escuchárselas una y otra vez a lo largo de la historia, y revisar si realmente estamos en la línea de lo que Él enseña a sus seguidores o si lo hemos desvirtuado.

Con todas sus enseñanzas, Jesús traza los rasgos determinantes del estilo de vida que Él quiere para nosotros. Son trazos definidos, que no admiten interpretación, que son profunda y radicalmente distintos a los del mundo, hasta el punto de que si no escandalizan, es probable que se deba a que ya los hemos adulterado. Por eso, cuando su Palabra nos choca, nos escandaliza, nos rompe por dentro, nos despierta incluso auténtico rechazo a la mente o al corazón, muchas veces será que estamos entendiéndolo bien. Y esto es algo de lo que me ocurrió recientemente con estas afirmaciones suyas:

> Os echarán mano, os perseguirán entregándoos a las sinagogas y a la cárcel, y os harán comparecer ante reyes y gobernadores por causa mía. *Así* tendréis ocasión de dar testimonio (Lucas 21, 12-13).

Ocasiones que sacramentalizan

Esta es la primera parte. Profetiza una serie de sucesos dolorosos que sufrirán aquellos que le sigan, y solo por el hecho de seguirle.

Lo que afirma es que de esta manera —*así*— tendrán ocasión de dar testimonio.

Habla de persecución y cárcel. Quizá hoy en los países occidentales sea más improbable que me lleven a la cárcel por seguir mi conciencia de acuerdo a sus enseñanzas, pero sí me pueden llevar al paro, a la escasez económica, al ridículo o a una falta de competitividad que me haga parecer incompetente. Lo que Jesús profetiza es que quienes le sigamos vamos a vivir situaciones duras, incómodas y desagradables.

Pongo un ejemplo de este «os perseguirán». Muchos jóvenes que se van a casar pronto —ninguna precocidad, pero pronto para el mundo, para quien es temprana cualquier entrega que no se haya reservado unos años con dinero y libertad para regalarse sus antojos y caprichos, para *disfrutar de la vida*—, me dicen que sufren verdadera presión por parte de sus amigos y familiares. Nadie acusa de nada, pero sí dan repetidamente su opinión y la muestran con exclamaciones de sorpresa y escándalo, junto a gestos y reacciones ante los que resulta complicado no sentirse tratado como ingenuo y tonto. A quien lea estas líneas puede parecerle exagerado, pero quien lo haya vivido en este o en otros aspectos sabe que termina por ser una presión incómoda; son muchos juicios implícitos a los que uno se somete sencillamente por hacer lo que a él le da la gana: casarse joven. ¡Ese es el delito! Otro es el de las jóvenes madres de familia, que ante cada nuevo embarazo se exponen a las mil impertinencias de quienes les quieren y les preguntan con confianza: «Pero, ¿otra vez? ¿No podéis pararos? ¿Es que tu marido no se puede aguantar? ¿Tan fuerte os da que no podéis tener más cuidado?». Estas preguntas llevan implícito un juicio. No les cabe en la cabeza algo tan sencillo como: «¡Es que quiero tener otro hijo!».

Lo que dice Cristo es: «las situaciones duras que viváis, vividlas como una OCASIÓN para dar testimonio». Interesante, porque los hombres solemos vivir esas situaciones preguntándonos *por qué* nos pasa eso. Jesús no nos da una respuesta al porqué, pero sí nos dice *para qué*: son *ocasión para*. Todas esas circunstancias duras son ocasiones formidables para que vosotros deis testimonio, para que con vuestra vida digáis al mundo la verdad… Que viéndoos vivir esas situaciones, ellos descubran realidades ocultas a los sentidos que se harán visibles en vuestras vidas.

Pienso que podríamos añadir a estas situaciones otras tantas, aunque no sean por causa de nadie: el hecho de tener un hijo con deficiencias; tener un ser querido con demencia senil o una enfermedad degenerativa; la muerte repentina de un familiar cuando todavía es joven; padecer una enfermedad que requiere tratamientos agresivos…

Es interesante: si tengo una enfermedad o contrariedad, me dice Cristo que es una *ocasión* idónea para enseñar otra forma de vivir. El modo en el que yo viva esa situación debe ser un testimonio de que tengo un Padre bueno que es Dios. Es la ocasión para que todas las personas que me traten durante mi enfermedad o mi «desgracia», al verme descubran el mundo invisible que Cristo nos ha transmitido: en mí se hará visible lo invisible. Estas situaciones son ocasión singular de hacerme sacramento. La vida de Dios les llegará a través de mi vida. Las persecuciones y traiciones, las ridiculizaciones e injusticias me sacramentalizan.

Muchas veces nos empeñamos en dar charlas teóricas a los amigos no creyentes o no practicantes. Cristo nos dice que las ocasiones para mostrarles las realidades que les permanecen ocultas son nuestras adversidades. Que Jesús es bueno, que hemos sido creados por Dios, que Él nos cuida providencialmente, que su Espíritu nos transforma… es lo que descubrirán quienes nos traten.

Esta enseñanza podemos aplicarla a muchas realidades diarias: un malentendido, una persona que no me invita, alguien que me malinterpreta, un agravio comparativo, un comentario inoportuno que tengo que padecer, alguien a quien quiero ayudar y me rechaza, mi hermano que me coge el coche sin pedírmelo, alguien que siempre me pide dinero prestado y no lo devuelve, un grupo de amigos que critica a un ausente y mil ocasiones más. Son ocasiones de dar testimonio.

La gran pregunta que cada mañana lanza el seguidor de Cristo a su Señor, y que la repite muchas veces al día, es esta: «¿Qué quieres decir a través de mí ahora que estoy viviendo esto?».

Tampoco se trata de ir gritando públicamente lo que creo ante cada contrariedad. No. Bastará con pedirle que Él nos use, que se sirva de nosotros. Por eso continúa con esta exhortación:

> Haced propósito de no preparar vuestra defensa, porque yo os daré palabras y sabiduría a las que no podrá hacer frente ni contradecir ningún adversario vuestro (Lucas 21, 14-15).

No te preocupes de qué decir y cómo reaccionar: si tú estás conectado conmigo, encontrarás en ti los gestos, reacciones y palabras que den testimonio. No te preocupes por ir contando y argumentando. Si estás unido a mí, si estás enchufado, yo pondré en ti lo que necesitan encontrar los demás.

«Ni un cabello perderéis»

A continuación añade la segunda parte:

> Y hasta vuestros padres y parientes, y hermanos y amigos, os traicionarán, y matarán a algunos de vosotros, y todos os odiarán por mi causa. Pero ni un cabello de vuestra cabeza perecerá. Con vuestra perseverancia salvaréis vuestras almas (Lucas 21, 16-19).

O sea, te insultan, y luego te odia tu madre y tu padre, incluso alguno te mata… Y añade: «Pero ni un cabello tuyo perecerá». Esta afirmación resulta incluso cómica: me quedo sin padres, me quedo sin trabajo y sin salud, sufro injusticia y lo pierdo todo, y me dices: «pero no te preocupes que no te van a tocar ni un pelo». Lo he perdido todo, y me dices que no me van a tocar...

Interesante. ¿Qué estará queriendo enseñarnos Jesús al decirnos esto? Se ve que las palabras no le bastan y por eso conducen a confusión. Se ve que Él está hablándonos en otro plano: aunque te ocurra todo esto, no perderás ni un cabello de tu cabeza; aunque te ocurra todo esto, hay algo en ti que siempre está salvado, una realidad que está en otro estrato, en otro orden de cosas, en otro mundo… Y en esa otra realidad, ni un pelo perderás.

La verdad que se nos descubre es formidable: ¡los cristianos vivimos en el mundo, pero no vivimos en el mundo! Lo que nos pasa lo vivimos como algo que no es esencial en nuestra vida. Si tengo un buen trabajo o estoy en el paro es interesante, pero no afecta a lo propiamente mío.

Lo que nos está queriendo decir es que la forma de vivir de sus discípulos es tal que todo lo que nos ocurre en lo externo —en la salud, en el trabajo, en la familia, etc.— no nos afecta a nosotros. Lo vivimos como algo que nos acompaña, pero que no nos afecta íntimamente. Todas esas realidades en mi vida las considero y las vivo con interés, pero reconozco su contingencia, las considero accidentales, no me va la vida en ninguna de ellas, no cuelgo mi existencia de nada de todo eso, ni mi esperanza ni la paz personal las hago depender de ninguna de ellas. ¡De ninguna! ¡Sí! ¡Pongo una gran ilusión en todo lo que es de este mundo, pero a la vez lo vivo con un desprendimiento grande! Nada me resulta esencial, ni siquiera la salud o la esperanza de vida.

Recuerdo que recién ordenado sacerdote me pasé muchas horas de confesionario en la iglesia de San Vicente, en el centro de Bilbao. Terminé por conocer a muchas de las personas habituales. Una viuda que padecía una enfermedad dolorosísima venía todas las semanas. Un día la saludé:
—¡Buenos días! ¿Qué tal estás?
Con su marcado acento vasco, contestó:
—¿Dolores? Todos; los tengo en todo el cuerpo, desde el cuello hasta la punta de los pies. ¿Contenta? Sí, mucho, muy contenta.
Puede ser un ejemplo concreto de lo que hablamos. En nuestro corazón, en lo más secreto de nuestro interior, donde vivimos instalados los cristianos, en lo más íntimo, vivimos con una paz estable que no depende de los dolores del cuerpo, ni de la cárcel, ni de la traición. Vivo en mi intimidad. Allí es donde encuentro mi paz y mi alegría.

«Vivid en el mundo, pero no seáis mundanos», nos advertía Cristo. Quizá nos estaba diciendo lo mismo desde otro punto de vista. Vivimos en el mundo, y amamos todo lo bueno y bello de este mundo, y la vida misma, y un buen pincho de tortilla, y un baño en la playa, y conducir una buena moto, y ver un partido de fútbol o ir de escaparates, y asistir a un concierto o a un debate universitario. Amo todo. Pero, al mismo tiempo, todo lo que ocurre en este plano no es esencial en mi vida y vivo al margen de todo eso. Unión y alteridad: amo el mundo y estoy unido a él, pero consciente de que es otro con respecto a mí, que nada es mío —íntimamente mío—, que nada espero más allá de lo que me puede dar, que sea lo que sea sé que es absolutamente secundario para mí.

Bill Viola —creador del Videoarte—, un artista no cristiano, hizo un estudio sobre la habitación de san Juan de la Cruz. Este santo pasó un tiempo largo encerrado en un cuartucho, condenado porque se dudaba de la ortodoxia de sus escritos. Preso en la cárcel, en una habitación donde no había nada más que suelo duro y frío, le habían quitado todo: trabajo, reputación, libertad, calor... Y en esas circunstancias —reconoce asombrado Viola— este hombre escribe el libro de amor más bello y profundo que se ha escrito en toda la historia. Es cierto que hubiese sido más previsible un tratado sobre las injusticias, o un manifiesto contrarrevolucionario, pero escribe el *Cántico espiritual,* una delicia no igualada en la literatura universal. Lo que admira Viola es que a san Juan de la Cruz no le afecta íntimamente todo lo que está sufriendo. Este santo está dando cumplimiento a las palabras de Cristo: «no te preocupes, porque ni un solo cabello tuyo lo perderás». Y es cierto: a san Juan no le cae ni un pelo.

Es importante que vivamos en ese «adentro», en la intimidad, en el mundo en el que estoy a salvo con mi Dios. Normalmente vivimos muy volcados hacia fuera y no entramos en nosotros mismos. El discípulo de hoy necesita rebelarse y dedicar tiempos buenos a adentrarse en su corazón, porque es ahí donde está llamado a vivir.

Paz y alegría

Hemos dicho con anterioridad que *lo esencial* del cristiano no era la cruz, sino el amor. La cruz es *la medida*. Y el estilo, *el modo* en que vivimos, es el de la paz y la alegría. El modo de vivir del santo de copas es escandalosamente alegre.

Nuestra continua alegría debe extrañar a los demás hasta resultarles escandalosa. Esa alegría brota de la intimidad en la que ni un pelo es tocado por nada ni por nadie. Me hagan lo que me hagan los hombres, ni un pelo perderé.

He conocido algunos amigos que han abandonado la fe porque no tenían paz: tanta obligación y culpabilidad no les dejaban vivir. Creo que vivían un cristianismo fuera de lo esencial: su cristianismo no era cristiano. De hecho, una de las cosas que más me ha sorprendido siempre en los jóvenes que se han convertido es que entienden a Dios como paz. Dicen que no pueden explicarlo de otra manera: ¡paz!

Ser cristiano no es ir a misa el domingo, no practicar el aborto, pasar el noviazgo a un metro de distancia de la novia, creer lo que dice el Papa… Eso no es ser cristiano. Todo eso, como prácticas de un código de conducta, es un rollo.

El discípulo de Cristo es el que sabe que, con independencia de lo que pueda ocurrirle, todo un Dios le dice: ¡Nadie te arrebatará de mi mano! Sabe que hay un Cristo que está dispuesto a amarle hasta la cruz. La paz que vive no nace de tener un seguro de vida y todo amarrado en los próximos siglos, sino de la conciencia profunda de que hay alguien que le ama personalmente y por encima de todas las cosas. Alguien que se sabe amado de esta manera vive instalado en una roca que no le fallará. Ahí vive en paz, y de ahí surge la alegría escandalosa.

Este rasgo ha acompañado a nuestra familia cristiana desde siempre. Los testimonios de los primeros cristianos martirizados cuentan que entraban en el circo cantando. De la misma manera que en la Revolución Francesa muchas personas contemplativas condenadas a la guillotina subían cantando al cadalso, o en la guerra civil española eran fusilados mientras perdonaban a sus verdugos con una paz inexplicable, y tantos otros casos.

Una sugerencia para el sueño

Vamos a cultivar esa percepción de que Dios nos ama y que su amor por nosotros no tiene medida; vamos a tratar de vivir instalados en la paz; vamos a vivir escandalosamente alegres. Y vamos a dormir muy tranquilos.

Te sugiero que estas palabras del salmista te las anotes en algún lugar para encontrártelo varias veces al día, y sobre todo por la noche, al acostarte:

> Pero Tú, Señor, has puesto más alegría en mi corazón
> que si abundara en trigo y en vino.
> En paz me acuesto y enseguida me duermo,
> porque Tú solo, Señor, me haces vivir tranquilo (Salmo 4).

Y si no duermes bien y tranquilo, sigue este consejo: reza todas las noches la oración llamada *Completas*[53]. Es parte de la Liturgia de las Horas, no se alarga ni cinco minutos, y experimentarás que te acuestas en paz y en seguida te duermes.

[53] La encontrarás fácilmente en Apps gratuitas, como SalterioPro o iBreviary.

13 COMO SAL EN LA PAELLA

Vivimos en una sociedad en la que todos sufrimos presiones: la forma de hablar, el modo de pensar, la diversidad de planteamientos de vida, las expresiones culturales y sociales, los distintos modos de entender el amor, la fidelidad y la paternidad… A no pocos cristianos les hace sentirse algo incómodos el verificar que viven en un mundo que —por así decirlo— no es su mundo, no es el mundo en el que pueden estar del todo a gusto, ni aquel que querrían que fuera. Este hecho algunos lo viven como una presión, que en ocasiones puede llegar a ser muy fuerte.

Después de constatar, un día tras otro, bien sea en la universidad, en el trabajo o con los amigos que existen otros modos de ver la vida, uno comprueba que eso le afecta. Y no puede dejar de plantearse: «¿Aquí qué pasa? ¿Estoy loco yo o los locos son todos los demás?».

A esto se suma que cuando uno vuelve a *su* mundo, al hogar cristiano, descubre que a veces no está tan seguro de aquello en lo que piensa —o al menos en lo que, como cristiano, debería creer—. En ocasiones no tiene demasiado claras sus propias posiciones, y cuando intenta explicarlas o exponerlas al resto de compañeros, no es capaz de hacerse entender. Es más, acaba por reconocer que no es que los otros no le entiendan, sino que en el fondo él tampoco se entiende demasiado a sí mismo.

Mayor es todavía la presión cuando esto ocurre no en el mundo laboral —en el que toca moverse, pero que es en cierto sentido ajeno—, sino con las personas más allegadas e importantes. Si el noviazgo o el matrimonio se viven con alguien ajeno al cristianismo, al meterse ambos en el mundo misterioso de la sexualidad, del amor, de la fidelidad… ¿cómo sostener lo que uno sostiene?

Esta presión, con el tiempo y el roce diario, en no pocas ocasiones se convierte en una espada que rasga cualquier tipo de seguridad que uno tuviese al principio; rompe el espacio vital religioso, dejándolo deshinchado y vacío. Se empieza, entonces, a estar más incómodo; se siente con más fuerza la inseguridad y se cuestionan las antiguas convicciones, que van cayendo una tras otra como las cartas de una baraja. Cada vez se encuentra uno con menos fuerzas y entusiasmo, espiritualmente flácido, y termina por esconderse —no por vergüenza, sino porque no sabe ya qué posición ocupar—.

Esta presión afecta porque le coloca a uno, silenciosa y progresivamente, fuera de los dos bandos. Ya no sabe uno ni dónde se encuentra ni dónde quiere estar. La sensación es incómoda, y más en cuanto se experimenta cierta soledad íntima.

Tratemos el tema, pues tiene el interés de ser la vida misma del cristiano que quiere convertirse en santo de copas.

Cinco apuntes de la Escritura

1. En los primeros años de predicación de Pedro y Pablo, cuentan los Hechos de los Apóstoles que algunos judíos comentaban con burla: «A estas horas de la tarde tan tempranas, y ya están bebidos. Les escucharemos en otra ocasión». Así es al principio: cuando hablan entusiasmados de lo que ha ocurrido, de lo que ellos han vivido en primera persona, la gente piensa que están borrachos (Hechos 17).

2. Otro momento. Jesús les explica que los hombres no podrán tener vida si no comen su cuerpo y beben su sangre. Muchos de los que le escuchaban comentaron: «Qué dura es esta doctrina». La gente se va. Y son tantos los que indignados le abandonan, que Jesús les pregunta a los apóstoles si no se van ellos también (Juan 6, 61).

3. Tercer momento. Jesús les advierte que sus discípulos están en el mundo «como ovejas en medio de lobos». Está claro, incluso para un hombre de ciudad como yo, que nadie le da un minuto de vida a la oveja que se encuentra junto a una manada de lobos. La oveja, animal inofensivo nada dotado

para su defensa, entre animales con instinto asesino: así somos sus discípulos en el mundo (Mateo 10, 16).

4. En otra ocasión Jesús advierte que el discípulo no es mayor que el maestro, y que a sus discípulos los perseguirán, los insultarán y odiarán, e incluso que llegarán a matarlos (Lucas 21, 12).

5. Fue otro el momento en el que advirtió que su Reino no es de este mundo y que por eso no enviaría ejércitos a liberarle de la condena injusta que estaba padeciendo: «Mi Reino no es de este mundo». Y poco antes, en la Última Cena, en su discurso de despedida, nos lo quiso dejar muy claro: «Vosotros no sois de este mundo» (Juan 15, 18-19).

¿Somos raros o extranjeros?

Nos va bien recordar lo que Jesús nos dice en estos cinco pasajes para que sepamos quiénes somos. Podríamos escoger muchas otras palabras suyas para tomar mayor conciencia de nuestra identidad. No es que seamos raros, sencillamente no somos de este mundo: somos extranjeros.

¡No somos de este mundo! Ya lo expusimos al comienzo del libro. Conviene volver a esta verdad, pues no sé si se nos olvida o si no queremos entenderla. Pero es básica. Cuando estamos en el trabajo, en el equipo de fútbol, viendo escaparates o bailando en la discoteca, rodeados de decenas, centenares y miles de los que son como nosotros, es importante que nos advirtamos íntimamente: «¡No soy de este mundo! ¡No soy de este mundo! ¡No soy de este mundo! Este principio nos lo ha querido inculcar Jesús de distintas maneras: *¡no olvides que no eres de este mundo!*

¡No somos raros! ¡Somos extranjeros! ¡Nuestra ciudad es el Reino!

Cuatro coordenadas para no alejarnos de nuestra identidad

Querría ahora sugerir cuatro puntos o coordenadas que nos ayudarán a comprendernos en nuestra relación con el mundo.

1. Yo soy sal

Tuve ocasión de preparar una paella para unas sesenta personas. Recuerdo que la compra llenó el maletero del coche: muchos kilos de muchas cosas. Fuimos echando a la paella cada ingrediente en su momento —kilos de carne, kilos de arroz, kilos de verdura…—. Llegó la hora de echar la sal y cogimos un puñadito pequeño, apenas unos gramos, probamos el caldo, estaba todavía algo soso, salpicamos con un poquito más y… en su punto.

Ser sal significa saber que soy poco con respecto a la masa. Pero no solo soy poco —cuestión interesante, pero solo cuantitativa—, sino que soy la *no masa*. Ser sal es ser lo distinto con respecto al resto, y todo el resto de ingredientes es distinto con respecto a la sal. En la sociedad yo no soy masa: soy sal. Y toda la sociedad es no-sal, opuesta con respecto a mí, que soy sal. Por lo tanto, no solo soy poco, sino que lo que me caracteriza y me da mi identidad es no ser como el resto: ser distinto con respecto a la masa. Yo soy un universitario, trabajador o ciudadano distinto, soy *no masa* —se entiende que hablar de masa, en este contexto, no tiene ningún sentido peyorativo—.

En el hecho de ser sal, además, se encuentra implícito el *ser para la masa*. La tarde de la paella nadie iba a comer sal, su intención era comer un buen plato de arroz a banda, como así fue. Pero la sal estaba allí para que la paella supiera a paella. Ese poco distinto a la masa está a su servicio. Lo que busca y quiere la gente son las mil cosas que la sociedad ofrece. Sin embargo, yo vivo para que los demás tengan sabor, para que los demás sean lo que son, de la misma manera que la sal hace que el pollo sepa a pollo, y la verdura sepa a verdura. El Señor habla de que somos la levadura que hace fermentar a la masa. Somos *para* la masa, estamos *en función de* la masa, a la que damos sabor y de la que somos fermento: nuestra existencia encuentra su sentido en que la masa se desarrolle y llegue a su plenitud.

La presión que me puede deshinchar si tengo en cuenta mi identidad como *sal del mundo*, no solo no me deshincha sino que me hace tomar más conciencia de la gran necesidad que tiene el mundo de mi persona. «Nadie piensa como yo», podemos constatar. ¡Pues bien! ¡Ese es tu sitio! ¡Ahí te quiere Dios! Para que los demás puedan llegar a ser felices y grandes.

Así vemos cómo la presión se transforma en una realidad positiva, que nos hace ser conscientes de que no podemos dejar de ser como somos, ni podemos dejar de estar unidos a la vid, porque si no, el mundo se quedaría insípido.

«Si la sal se vuelve sosa, con qué se salará», pregunta Jesús con retórica. «No sirve más que para echarla al suelo para que los demás la pisen». Solo hay dos posiciones: ser sal o no-sal. Y se da el hecho de que los cristianos somos sal, queramos o no. Nuestras posibilidades, entonces, son ser sal salada o ser sal sosa.

2. Vivir así exige que yo esté enchufado con Cristo

Como en cualquier relación humana de amor, es preciso mantener una relación afectiva viva para que el amor sobreviva y crezca. Si un matrimonio sufre una separación forzosa por motivos laborales, y la distancia hace que los momentos de encuentro cada vez estén menos acompañados de un afecto y cariño real, es posible que se interponga una persona extraña que fácilmente despierte los afectos, y haga que la relación primera languidezca hasta quedar ahogada por los nuevos afectos. Solo si el marido está verdaderamente conectado con su mujer estará cada día más unido y la distancia será un modo distinto de amarse.

Lo mismo con Cristo. Solo si estoy conectado con Cristo, con su persona, seré capaz de vivir sin dificultades especiales la presión que ejerce el mundo sobre mí. Porque posiblemente no entenderé por qué la Iglesia enseña no sé qué acerca de las relaciones sexuales, o por qué el Papa tiene guardas suizos armados en el templo del Vaticano, o por qué no se ordenan sacerdotisas en la Iglesia, o yo qué sé. Pero me importará poco, pues el cristianismo no es una ideología, un sistema de pensamiento que debo sostener con argumentos y que deba cuadrarme intelectualmente en todos y cada uno de sus detalles. El cristianismo es la confianza en una persona que es Jesucristo, que hizo lo que hizo, y resucitó, está vivo, y me ama. Si estoy conectado con Jesucristo, todas esas cuestiones me interesarán, pero admitiré sin problemas que son cuestiones secundarias. Sin conexión con Cristo, el cristianismo se convierte en un andamio enorme y complejo que resulta insostenible.

No tengo que sostener un aparato intelectual, no tengo que defender la integridad de ninguna ideología. Lo que necesito es mantener viva una relación entre alguien que está dispuesto a todo por mí y yo que quiero estar dispuesto a todo por Él. Es una relación entre nosotros y ahí se resuelve todo. «Y entonces, ¿qué pasa con el Purgatorio?». No te preocupes, le contestaremos a quien, angustiado, nos pregunte. Todas las cuestiones tienen su lógica, pero la tienen a partir de Jesucristo, de cómo hace las cosas, de lo que dice y hace… Sin Cristo es como una exposición de cuadros sin paredes donde colgarlos: ¡una verdadera locura en la que nada se sostiene!

Me decía hace poco un universitario sometido a esta presión: «En medio de la presión, lo que escucho en la Iglesia me suena como el cuento de Papá Noel o de Caperucita Roja. Sostenerlo mientras todos me están pinchado continuamente me resulta complicadísimo y agotador». Cuando convertimos en eso nuestro ser cristianos nos hemos equivocado: no sostenemos una teoría ni una ideología. El cristianismo es vida, relación vital con un Cristo que está vivo, confianza en su persona. Aquí se resuelven todas las dudas: en el silencio con Él, escuchándole y mirándole, preguntándole y aprendiendo. En la confianza en Él. ¡Ya entenderé cuando llegue mi momento, cuando madure en ese aspecto, cuando sea capaz de entrar en el misterio del Amor!

Hace poco escuchaba a una chica preocupada con qué iba a pasar con sus hijos si pasaba no sé qué cosa. No me costó ayudarla a aterrizar: «Primero espera a encontrar un novio, luego a ver si la cosa va bien y os casáis, luego a lo mejor tenéis algún hijo, le educaréis y entonces quizá llegue el momento de pensar en esta cuestión». Y es que el matrimonio no es una teoría: el matrimonio es vida, y la vida va dando fuerza a la vida y resolviendo sus cuestiones. Otros se angustian por lo que harán si a su marido o mujer les pasa algo concreto y en tales circunstancias; se lo plantean como una cuestión teórica en abstracto, disecan la vida y quieren estudiarla así. Lo único que consiguen convirtiendo la vida en un problema teórico es vivir con miedos y precauciones que les ahogan.

Es mejor casarse y meterse en esa espiral viva del amor matrimonial que cambiará a cada uno y cambiará la relación misma y que permitirá resolver la cuestión desde el amor vivo entre la pareja, situación en la que no pueden ni siquiera imaginarse. ¡Quiérele, su forma de pensar te irá gustando, le entenderás y… vete a saber adónde llegarás! ¡Déjate sorprender mientras recorres el camino! ¡No pretendas reducir las realidades vivas y existenciales a prospectos médicos o problemas matemáticos! ¡Entiende que las realidades misteriosas no son problemas! ¡Los misterios se resuelven desde dentro, y los problemas se resuelven en un papel! ¡Enchúfate a tu marido y disfrutarás en toda circunstancia! ¡Enchúfate a Cristo y disfrutarás en la presión del mundo!

3. Este Cristo está vivo en la Iglesia

Para vivir esta presión en la que yo soy sal me encuentro enchufado a Cristo en la Iglesia.

La Iglesia no es algo etéreo, sino que se nos presenta en la comunidad. No hay cristianismo sin conciencia de pertenecer a una comunidad con la que se adora, se reza, se celebra el misterio de Cristo, se ayuda, se es ayudado, se comparte en caridad… Hay mil comunidades en las que se hace presente la Iglesia; uno puede sentirse parte de una de ellas y darle vida, y recibir vida a su vez. Es en la comunidad donde Cristo se nos hace presente.

No puedo plantearme ser cristiano en el individualismo, pues es contrario al mismo espíritu de Cristo. Vivo en la familia suya que es la Iglesia, a través de la que Cristo me hace gozar en la alabanza y me hace llegar su perdón, su comprensión, su compañía y su ayuda. La comunidad es vital en la vida del cristiano, vital en el sentido más propio de la palabra: ahí recibe la Vida.

Sin la comunidad todo me puede, y con la comunidad puedo con todo. En esta comunidad me llegan los sacramentos, celebraciones en las que tengo contacto directo con el mismo amor de Cristo: Cristo vivo en la Eucaristía, en la confesión… Cristo llega hasta mí a través de algo material. Estar con Cristo vivo en la Iglesia incluye también el acompañamiento espiritual. Comunidad es dejarme hablar por Cristo en la vida de los otros y permitir que Él se dé a los otros sirviéndose de mí; comunidad es dejarme enseñar por los pastores; en la comunidad realizo actos de mi entrega a Cristo.

La primera vez que escuché a san Juan Pablo II me encontraba en mis primeros años de universidad. Fue en Ávila. En mis recuerdos solo habló de algo que a mí me sorprendió: los cristianos necesitamos vivir la fe en comunidad. Entonces me pareció curioso; ahora me parece imprescindible.

La presión del mundo no tiene fuerza cuando experimento la presión de la comunidad.

4. El cristianismo es realidad de amor en el mundo

No tengo que ir explicando muchas cosas en la universidad o en el trabajo, lo que tengo que hacer es amar en la universidad y en el trabajo; no tengo que ir explicando muchas cosas a mis amigos o en mi casa, lo que tengo que hacer es amar a mis amigos y amar a cada uno en casa. Y amo cuando no hablo mal de nadie; amo cuando escucho una crítica y salgo en defensa del criticado —tengan razón o no, porque no me da la gana que se hable mal de uno que no está presente—; amo cuando alguien necesita algo que yo puedo hacer, y sea quien sea se lo hago. Esto es llevar la realidad del amor al mundo.

No hagamos trincheras. No entramos a la pelea ni a la discusión. Y si alguien nos critica y nos ofende, Cristo nos dice que sigamos amándole; y si alguien atenta contra nosotros, nos pide que sigamos amándole. Cristo lo hace así, y muere, y muere perdonando.

El cristianismo es realidad de amor en el mundo. Y si el grupo de amigos me hace el vacío por el motivo que sea, no importa; no me pongo a la defensiva, no ataco, no busco la venganza… Ahí se me presenta la ocasión de amar. ¡Amar, amar y amar! Así es como vivimos los cristianos, y el amor es capaz de anular el mal y de vencer. ¡Amar es nuestra arma, nuestra única arma!

Algunos cristianos no entienden que se hagan burlas de nuestra fe y no reaccionemos, mientras que otras religiones, si son ridiculizadas o atacadas, salen en defensa propia. No reaccionar con violencia lo consideran mediocridad o conformismo. Pero no es así. Cristo nos ha enseñado otra cosa: que el amor es el arma que puede incluso a la muerte. Nuestra reacción deberá estar inspirada y ser llevada a cabo según el espíritu de Cristo: «Mi Reino no es de este mundo. Si lo fuera, enviaría personas armadas contra vosotros. Pero mi Reino no es de este mundo».

Sufrimos presión al estar en el mundo. Y el mundo debe sufrir la presión del amor donde se encuentre un cristiano.

Como los primeros cristianos

Quiero terminar con una carta del primer siglo en la que se recoge una buena descripción de los primeros cristianos. Se trata de la "Carta a Diogneto". Ojalá sea la descripción de cada una de nuestras comunidades:

> Los cristianos no se distinguen de los demás hombres ni por el lugar en el que viven, ni por su lenguaje, ni por sus costumbres. Ellos, en efecto, no tienen ciudades propias, ni hablan una lengua extraña, ni llevan un género de vida distinto. Su sistema doctrinal no ha sido inventado gracias al talento y especulación de hombres estudiosos, ni profesan, como otros, una enseñanza basada en autoridad de hombres.
>
> Viven en ciudades griegas y bárbaras, según les cupo en suerte, siguen las costumbres de los habitantes del país, tanto en el vestir como en todo su estilo de vida y, sin embargo, dan muestras de un tenor de vida admirable y, a juicio de todos, increíble. Habitan en su propia patria, pero como forasteros; toman parte en todo como ciudadanos, pero lo soportan todo como extranjeros; toda tierra extraña es patria para ellos, pero están en toda patria como en tierra extraña. Igual que todos, se casan y engendran hijos, pero no se deshacen de los hijos que conciben. Tienen la mesa en común, pero no el lecho.
>
> Viven en la carne, pero no según la carne. Viven en la tierra, pero su ciudadanía está en el Cielo. Obedecen las leyes establecidas, y con su modo de vivir superan estas leyes. Aman a todos, y todos los persiguen. Se los condena sin conocerlos. Se les da muerte, y con ello reciben la vida. Son pobres, y enriquecen a muchos; carecen de todo, y abundan en todo. Sufren la deshonra, y ello les sirve de gloria; sufren detrimento en su fama, y ello atestigua su justicia. Son maldecidos, y bendicen; son tratados con ignominia, y ellos, a cambio, devuelven honor. Hacen el bien, y son castigados como malhechores; y, al ser castigados a muerte, se alegran como si se les diera la vida. Los judíos los combaten

como a extraños y los gentiles los persiguen, y, sin embargo, los mismos que los aborrecen no saben explicar el motivo de su enemistad.

Para decirlo en pocas palabras: los cristianos son en el mundo lo que el alma es en el cuerpo. El alma, en efecto, se halla esparcida por todos los miembros del cuerpo; así también los cristianos se encuentran dispersos por todas las ciudades del mundo. El alma habita en el cuerpo, pero no procede del cuerpo; los cristianos viven en el mundo, pero no son del mundo. El alma invisible está encerrada en la cárcel del cuerpo visible; los cristianos viven visiblemente en el mundo, pero su religión es invisible. La carne aborrece y combate al alma, sin haber recibido de ella agravio alguno, solo porque le impide disfrutar de los placeres; también el mundo aborrece a los cristianos, sin haber recibido agravio de ellos, porque se oponen a sus placeres.

El alma ama al cuerpo y a sus miembros, a pesar de que este la aborrece; también los cristianos aman a los que los odian. El alma está encerrada en el cuerpo, pero es ella la que mantiene unido el cuerpo; también los cristianos se hallan retenidos en el mundo como en una cárcel, pero ellos son los que mantienen la trabazón del mundo. El alma inmortal habita en una tienda mortal; también los cristianos viven como peregrinos en moradas corruptibles, mientras esperan la incorrupción celestial. El alma se perfecciona con la mortificación en el comer y beber; también los cristianos, constantemente mortificados, se multiplican más y más. Tan importante es el puesto que Dios les ha asignado, del que no les es lícito desertar.

Ser cristiano no consiste en realizar ciertos actos piadosos ni en sostener una ideología; el cristiano es quien se reconoce ciudadano del Reino gracias a su unión con Cristo, y por ello vive para instaurar ese Reino en este mundo, haciendo realidad el amor en el mundo con su persona y su actuar.

No dejan de resonar en el corazón de cada cristiano, en una cadena que dura veinte siglos, las palabras que nuestro hermano Jesús de Nazaret pronunció, seguro, con la fuerza de quien quiere grabarlo a fuego en los suyos:

¡Vosotros sois la sal de la tierra!
¡Vosotros no sois de este mundo!
¡Vosotros sois la luz del mundo!
¡Id al mundo entero!
¡Poned la lámpara en lo alto para que ilumine toda la casa!
Vosotros sois la sal de la tierra, y si la sal se vuelve sosa, ¿con qué se salará? ¡No sirve ya para nada, sino para tirarla al suelo y ser pisada por los hombres!

El cristianismo no es la religión de la cruz porque no es masoquismo. El masoquista encuentra en el dolor un camino de liberación: sufre para ser más libre. El cristiano no abraza el sufrir para ser libre, sino que abraza el sufrir para liberar a los que ama; y cuanto más ama menos le importa sufrir, hasta el punto de desear el sufrimiento si así es capaz de dar más vida a más personas.

14 POSTURA Y POSTUREO

Antes de empezar nos resultará útil repasar el significado de algunos conceptos a los que nos referiremos en el desarrollo de este capítulo. No pretendo ningún estudio a fondo, pero sí asegurar que estemos hablando de lo mismo al usar estos términos.

¿Qué significa postura?

postura. Del lat. positūra. 1. f. Modo en que está puesto alguien o una parte de su cuerpo . 2. f. Actitud que alguien adopta respecto de algún asunto.

Cuando me pongo ante una realidad concreta, quiera o no, sea de forma consciente o inconsciente, adopto una postura. La postura de la que vamos a hablar aquí corresponde a esta segunda acepción de la RAE: la actitud adoptada respecto de la realidad, o más en concreto, la actitud cristiana ante la vida y los sucesos de la vida, ante el mundo y las personas; es decir, la postura del cristiano en la existencia.

¿Qué significa postureo?

El término **postureo** es un neologismo acuñado recientemente y usado especialmente en el contexto de la redes sociales y las nuevas tecnologías, para expresar formas de comportamiento y de pose, más por imagen o por las apariencias que por una verdadera motivación. No tiene todavía registro en los diccionarios.

Podríamos decir que el postureo es una actitud no ante algo, sino ante los demás, que se caracteriza por el estudio de la postura con el fin de hacer pensar a los demás que uno es como quiere ser visto. En este caso, en lugar de postura se adopta una **pose**.

La postura, por tanto, es una actitud consciente y sincera ante la realidad. La pose es una actitud fingida y estudiada ante la realidad con el fin de que los demás piensen lo que uno pretende que piensen.

Las posturas que yo tengo estudiadas no hacen referencia a una realidad, sino a los demás, ante los que adopto una pose —o estudio de la postura—.

¿Qué significa amar?

El amor es una relación entre un *yo* y un *tú*. Esta relación se caracteriza por realizar una cierta unión entre amante y amado. La realidad propia del amor se va dando en un traslado del *yo* al *tú*, de modo que el amado se une progresivamente al amante, y el amante se une progresivamente al amado. Así, el centro vital de cada uno va dejando de ser su propio yo para ser el tú; el tú ocupa el lugar central en la vida del amante; elecciones, deseos, aficiones, gustos... van uniéndose en la medida en que crece el amor, hasta ser comunes, de modo que vida, elecciones, deseos, aficiones y gustos ya no los protagonizan ni el yo ni el tú, sino el *nosotros*. El amante cada vez va tomando mayor posesión del amado. Cuando el nosotros toma cuerpo y sustituye al yo y al tú, el amor se hace realidad madura.

Esta unión entre amado y amante es una unión real, un traslado del centro vital. El principio de mis movimientos tiende a ser el tú al que yo amo. Esta unión real lleva a la situación en la que se confunde lo que soy yo y lo que es el otro, porque el otro es casi yo.

Al principio del noviazgo, esa unión es mínima, pero es tremenda tras cincuenta años de matrimonio. Unamuno llega a decir:

> Cuando rozo la pierna de mi mujer, no siento nada,
> pero si a ella le duele la pierna... a mí me duele la mía.

No busquemos la lógica en esta experiencia. Los hombres no aprendimos lo que era el amor poniéndonos a pensar sobre un pergamino en blanco, sino al observar en la experiencia de enamorados las realidades que se vivían. Observamos que se produce una unión entre amante y amado por la cual la vida del otro va siendo mi vida; el dolor del otro va siendo mi dolor. Resulta que uno toma la vida del otro sobre sí mismo, no como una voluntaria acción movida por la generosidad, sino como una espontánea reacción causada por la unión real que ha creado el amor: yo y tú se han fundido hasta el punto de que lo que le ocurre a uno, le ocurre al otro.

Como es lógico, cuanto más puro sea el amor, mayor será la unión. Cuanto más impuro, menor.

¿Qué significa que Jesucristo ame al hombre?

Jesucristo ama al hombre con un amor puro. Lo ama de tal modo que Jesucristo se une con la mayor pureza, sin distancia alguna, con la situación del hombre. Esta afirmación es una barbaridad: Cristo se une con el hombre real, con el hombre caído, con el hombre esclavo, con el hombre sufriente, con el hombre malherido.

No quiero dar la impresión de estar haciendo silogismos, convirtiendo estas afirmaciones en conclusiones lógicas a partir de unas premisas, como quien dice «Jesús me ama, y el amor une, luego Jesús está unido conmigo». Esto es cierto, pero si lo reducimos al plano de la lógica será simplemente una verdad lógica. No desvitalicemos la verdad al hablar de ella, y menos la verdad en la que se nos revela lo más grande de nuestra propia vida.

Miremos un crucifijo, si es posible ahora mismo. Yo lo hago ahora al escribirlo. Ese Cristo me ama de tal manera que se identifica conmigo en todo lo posible. Su amor sin límites suprime cualquier límite en nuestra unión. El yo de Cristo se une a mi propio yo, de manera que cuando a mí me duelen las piernas, a Cristo le duelen las suyas; y cuando yo estoy caído, Cristo vive y sufre mi caída con tanta o mayor intensidad que yo mismo; cuando yo soy esclavo, Cristo vive mi esclavitud; cuando estoy en pecado, Cristo vive el pecado. San Pablo llega a decir que *Cristo se hizo pecado por nosotros*[54]. Quien no conoció el pecado carga con mi pecado porque yo soy pecador.

---

[54] En la segunda epístola a los Corintios: «A Cristo, que no conoció pecado, lo hizo pecado por nosotros, para que viniésemos a ser justicia de Dios en Él» (2 Corintios 5,21).

La postura de Cristo es crucificado

Esta realidad es tan descomunal que pido de nuevo al lector que vuelva a mirar un crucifijo, incluso si puede que lo lea con uno entre sus manos. Insisto porque lo que acabamos de afirmar es exactamente lo que vemos en la cruz.

Sabemos que no es una ilusión nuestra que Dios nos ame, no es una proyección de nuestros ilusos deseos. El amor de Dios por mí no tiene límites: no solo como un sentimiento vivido en las entrañas divinas —poco significaría para nosotros, y posiblemente no sería demasiado real—, sino que su amor por mí no tiene límites en la unión real que ha creado entre nosotros. Al ver una cruz veo que el amor de Cristo por mí es capaz de soportar cualquier sufrimiento, incluso la muerte, con tal de unirse conmigo y de liberarme de lo que me daña. Cristo se hace pecado conmigo para liberarme a mí del pecado y la esclavitud.

Cristo está roto en la cruz, porque me ve a mí roto, y no le importa romperse Él para compartir conmigo mi condena, mi destrucción.

Cristo vive como propio el mal que yo vivo, para liberarme:

> Tomad y bebed todos de él,
> porque este es el cáliz de mi sangre,
> sangre de la alianza nueva y eterna,
> que *será derramada por vosotros*
> *y por todos los hombres*
> *para el perdón de los pecados.*

Para liberarme, sufre todo lo que debería sufrir yo. No me mira desde fuera; cuando me mira, se implica. Vive el sufrimiento mío como protagonista.

Cristo vive crucificado. No significa esto que sea una vida dura, sufrida, difícil, dolorosa… Solo significa que es una vida de amante perfecto, y su vida queda determinada por el amado que ha elegido, y como su amado elegido es tonto, Él se hace gustosa e irremediablemente víctima de sus tonterías. La postura de Cristo es un amor que solo quiere liberar a los hombres, compartir con los hombres, aliviar a los hombres…

La postura del cristiano es la misma postura de Cristo: ¡vivir crucificado! El cristiano es el seguidor de Jesucristo; pero no seguidor en cuanto a doctrina, o seguidor de su moral de vida: el cristiano es la persona que se identifica con Cristo, que hace su vida como Cristo hizo su vida.

Cristo hace su vida como una enorme y libre entrega para la liberación del hombre, uniéndose a todo el que sufre. Cristo se une a todo el que sufre para ayudarle a que sufra menos. Cuando soy cristiano, entiendo mi vida, configuro mi existencia como lo ha hecho Cristo.

La postura del cristiano es decidir libremente entregar mi vida para que a cualquier hombre que esté sufriendo le llegue mi ayuda, y en la medida de lo posible compartir con él su sufrimiento y completar lo que Cristo no pudo sufrir.

El deseo de completar la obra de Cristo

Dice San Pablo[55]:

> Ahora me alegro de los padecimientos que soporto por vosotros, y completo en mi cuerpo lo que falta a las tribulaciones de Cristo, en favor de su cuerpo, que es la Iglesia.

Cuando hay sufrimiento en la vida —una enfermedad, dolores de cabeza, una situación familiar terrible— los cristianos no nos consolamos con frases del tipo: «a mal tiempo, buena cara», «otros sufren más que yo», «hay que saber esperar, porque las tormentas siempre pasan», «serenidad y ya llegarán tiempos mejores»... El planteamiento del cristiano es radicalmente otro.

La reacción cristiana será más bien decir con san Pablo: «ahora me alegro de los padecimientos que soporto, pues yo deseo el sufrimiento que me corresponda; acepto y abrazo este padecimiento concreto porque sé que —misteriosamente— supone vida a favor de su cuerpo, que es la Iglesia».

---

[55] Epístola a los Colosenses 1, 24.

Estoy contento de poder ofrecer mi cuerpo para completar lo que faltó a las tribulaciones de Cristo, pues deseo contribuir a la salud física y espiritual de los demás hombres. Como Jesucristo, me alegro en mi tribulación porque con ella puedo liberar a otros de sus esclavitudes, porque me uno a tantos compartiendo los mismos sufrimientos que ellos padecen.

Tres ejemplos: Edith Stein, Madre Elvira, Teresa de Calcuta

Edith Stein, filósofa judía, seguidora de Husserl y de la fenomenología, se convierte al cristianismo. Estudia a santa Teresa y se hace carmelita descalza. Vive la segunda guerra mundial. Podía haber evitado ser detenida por los nazis, pero se deja coger y muere en un campo de concentración libremente. Y dice: quiero ofrecer mi vida en favor del pueblo judío, para que sea capaz de descubrir cuál es su error y descubrir la llegada del Mesías. Ella se presenta voluntaria.

Madre Elvira es la fundadora de *El Cenáculo*. Acoge a drogadictos, gente que vive en la calle, personas destrozadas... Madre Elvira les reconcilia con el don de la vida, les acerca a la Eucaristía. Uno de los drogadictos curados por ella, que lleva 18 años sin probar las drogas, dice: «Lo que me ha curado ha sido la Adoración a la Eucaristía».

Transcribo parte de una de las charlas que Madre Elvira da a estos rescatados de la muerte, a los que les explica esto mismo que estamos tratando:

> Algunas veces, el Señor quiere hacernos partícipes del dolor humano y nosotros debemos madurar la capacidad de sufrir y, a la vez, ofrecérselo a Él diciéndole, gritándole a Dios nuestro sufrimiento, arrodillarnos con la mirada clavada en el crucifijo. Debemos formarnos en la aceptación del dolor, de modo que en el momento de la cruz, no hagamos ningún comentario, volviéndolo vano y desperdiciando ese momento precioso en que Jesús nos hace partícipes del dolor de su cruz, dándonos una migaja.

Los cristianos entendemos que cuando nos llega algo de sufrimiento es una migaja, para compartir con Cristo el sufrimiento suyo en favor de la salvación y liberación de todos los hombres. Continúa:

El dolor forma parte de la vida humana; no lo rebajemos, no lo banalicemos, contándolo y lamentándonos. En mi experiencia de mujer débil y frágil, sé que yo también he desaprovechado esos valiosos momentos. Luego medito, reflexiono y veo el cuadro de lo que sucedió y me digo: «¡Pero qué oportunidad que me perdí! ¡Qué inmadura que fui!».

En la comunidad, en El Cenáculo, tenemos un dicho que nos acompaña en los momentos de sufrimiento y de prueba. Son tres palabras: «Callar, tragar y sonreír». Cuando alguno de estos —ex drogadictos— es reprendido y se justifica, los otros chicos le dicen: «Otra vez perdiste el tren». El tren de la madurez, del dominio de uno mismo, de la capacidad de callar y de sufrir en la dignidad y en el silencio.

Es la escuela misteriosa de la cruz, de un Dios que no la explicó teóricamente, sino que la aceptó poniendo en ella el cuerpo de su Hijo crucificado.

Jesús nos invita a mirarlo a Él, a pedirle la fe y el amor para que nuestra mirada no pierda la esperanza, para que detrás de la oscuridad del Viernes Santo sepamos ver la luz brillante de la mañana de la Pascua. Jesús resucitado es nuestra verdadera esperanza porque en Él el dolor y la muerte han sido derrotados. Esta es la experiencia que en El Cenáculo tocamos con las manos cada día, viendo florecer la vida sobre los rostros que en un tiempo fueron marcados por la desesperación de la calle y que vuelven a brillar en la luz del resucitado[56].

Santa Teresa de Calcuta transmite lo mismo a sus monjas:

Si realmente amamos a las personas y amamos a Dios y a las almas, debemos estar dispuestas a ocupar su lugar, a cargar sus pecados y a expiarlos en nosotras con penitencias y mortificación continuas. Debemos ser holocaustos vivos, personas entregadas por las demás almas, pues las almas nos necesitan.

No existen límites al amor que nos empuja a dar. Darnos a Dios significa ser sus víctimas, las víctimas de su amor no deseado, del amor de Dios que no ha sido aceptado por los hombres.

---

[56] Madre Elvira, *Destellos de luz,* ed. privada, p.32.

> El espíritu de nuestra congregación es la entrega total; no podemos contentarnos con lo común. Lo que es bueno para otros no es suficiente para nosotras. Debemos saciar la sed de un Dios infinito que muere de amor. Solo la entrega total puede satisfacer el deseo ardiente de una verdadera misionera de la caridad[57].

El cristiano es la persona que cuando ve su sufrimiento desea liberar por medio de él a todos los hombres, de una manera misteriosa, como lo hizo Cristo. Es un misterio en el que Cristo ha ido por delante y sabemos que es real: yo me uno misteriosamente a completar los sufrimientos de Cristo por la salvación de la humanidad, por la libertad de mis amigos, por la libertad de los desconocidos, por los que ofenden, por los que asesinan…

La postura del amante es la de la cruz. El verdadero amante vive crucificado por quien ama, lo da todo por aquel a quien ama, no tiene límites en su donación al que ama.

Podríamos añadir mil ejemplos más, como el hecho de que para los primeros cristianos ser mártir era entendido como un privilegio deseado. Basta releer la carta de Ignacio de Antioquía, obispo, a los fieles de Roma.

Pero el cristianismo no es la religión de la cruz

A pesar de lo que acabamos de afirmar, vuelvo a levantar la bandera que uno de los capítulos del libro lleva por título:

! ¡El cristianismo no es la religión de la cruz!
¡El cristianismo es la religión de los amantes sin límites!

Sin embargo, el símbolo que hemos elegido para representar a Jesucristo es la cruz, que es la postura de Cristo, y por lo tanto, la postura de cada cristiano. Esa postura implica estar siempre abierto a dar la bienvenida al dolor y al sufrimiento para liberar al prójimo, a la Iglesia, a la humanidad.

---

[57] Teresa de Calcuta, *Donde hay amor, está Dios*, Booket, Barcelona 2014, p. 304.

El cristianismo no es la religión de la cruz porque no es masoquismo. El masoquista encuentra en el dolor un camino de liberación: sufre para ser más libre. El cristiano no abraza el sufrir para ser libre, sino que abraza el sufrir para liberar a los que ama; y cuanto más ama menos le importa sufrir, hasta el punto de desear el sufrimiento si así es capaz de dar vida a más personas.

A los ojos del mundo la postura del cristiano es juzgada de *postureo*

Llegados a este punto, es el momento de exponer por qué introduzco este capítulo en un libro que quiere recoger el espíritu de aquellos que quieren ser santos de copas.

Cuando uno se tropieza con cristianos —no me refiero a bautizados, sino a cristianos que tratan de vivir resucitados con Cristo, movidos por su Espíritu— no se encuentra con crucificados; se encuentra con personas felices. No es que vivan en burbujas que les protegen de la realidad, sino que a su estilo de vida no le va ir lamentándose y contando sus penas con cara de dolor. En los cristianos uno encuentra personas escandalosamente alegres porque viven amando, y aman abrazando sus penas y dolores, porque saben que su dolor es bendito, salvífico y redentor.

Este comportamiento no es del mundo. Al mundo no le cabe en la cabeza, no puede creer que sea verdad, de manera que a los ojos del mundo la actitud del cristiano es juzgada como postureo; no puede entenderlo de otro modo.

Un recuerdo que lo ejemplifica. El mismo día fueron diagnosticadas las enfermedades de dos chavales que conocía bien, los dos de quince años: uno tenía un riñón enfermo que debían extirparle, el otro una leucemia grave. Fui a verles al hospital. Estuve con las dos familias. La primera estaba desconsolada: la madre era un mar de lágrimas y se preguntaba por qué le pasaba a su hijo esa fatalidad, lamentándose por las dificultades que sufriría su hijo con esta limitación el resto de su vida. La segunda me sorprendió: se les veía con pena, pero llenos de paz y alegría daban gracias a Dios por el regalo del que habían disfrutado durante quince años, pues aquel hijo había sido una bendición —realmente, era extraordinario—. Recuerdo perfectamente que me repitieron, haciendo suyas las palabras de Job: «Dios nos lo dio, Dios nos lo quitó».

Es verdad que la postura del cristiano es la cruz, pero el rostro de la postura cristiana es la paz y alegría de la felicidad verdadera en el abandono en Dios.

A los ojos del mundo la vida de los cristianos es juzgada de postureo. Descubrí esta verdad gracias a un estudiante recién convertido a la fe. Cuando se acercaban personas nuevas a actividades del grupo de jóvenes de la parroquia, unos cuantos emitían el mismo juicio: «en este grupo hay mucho postureo». Preocupado por la salud del grupo y por el rechazo que provoca cualquier pose que se adopte, hablé con algunos de estos nuevos jóvenes que acusaban de postureo al grupo, y me dijeron: «Se nota que las personas de este grupo no conocen la realidad, viven en una burbuja, les falta experiencia de las dificultades de la vida, son pijos a los que la vida sonríe».... En la conversación me dijeron las personas con las que habían estado. Conocía a todos. Casualmente, los cinco eran personas con vidas singularmente duras: uno vivía con su madre alcohólica y su padre les había abandonado por una novia; otro tenía a sus dos padres en paro hacía tiempo y no conseguían vender el piso, y así todos los demás. No todos los jóvenes del grupo vivían circunstancias así, pero precisamente esos cinco sí.

Seguía dando vueltas al tema del postureo, hasta que el estudiante recién convertido me dijo: «Está bien que piensen que hay postureo. Es bueno. Me gusta». Fue entonces cuando descubrí que tenía razón: no puede ser de otro modo. Los juicios del mundo ante la vida de los cristianos, cuando su comportamiento y reacción no siguen la lógica del mundo, son «pre-juicios».

! La religión cristiana es la religión del amor sin límites.
La postura del cristiano es estar crucificado.
El rostro de la postura es mostrarse escandalosamente alegres.
La apariencia para quien no comparte su misterio es postureo.

Este es el espíritu del santo de copas. En este capítulo no niego que en ocasiones haya postureo dentro de grupos cristianos. Lo que afirmo es que la alegría del cristiano no puede ser juzgada por el mundo más que como postureo. Y es que «el amor es esfuerzo, pero dulce, embriagante, tan embriagante que puede venir la tentación de pensar que no sea trabajo y esfuerzo»[58]. Por eso quien ama bien no viste cara de dolor.

[58] Marko Ivan Rupnik, *El arte de la vida*, p. 106.

15 VIVIR EN MISERICORDIA

Antes de tratar el tema quiero recordar algo: la Iglesia nos enseña que todos los cristianos somos sacerdotes. Como ya tratamos al principio del libro, el misterio transformador que sufro cuando soy bautizado —aunque a los ojos de mis sentidos no ocurra nada más que un poco de agua que moja mi cabeza, y mi reacción no sea más que un escalofrío y un berrinche si era muy pequeño—, lo que hace el poderoso Espíritu en mí es fundirme con Cristo —la teología usa el verbo «configurarme» con Cristo—. Es decir, mi yo ya no es más solo mi yo, sino que es el yo de Cristo. Mucho se podría hablar sobre este misterio del Bautismo, pero baste lo dicho para recordar que todos los cristianos, como Cristo, somos sacerdotes.

Con la palabra sacerdote queremos expresar la realidad de que entre el Dios trascendente y el mundo material hace falta una mediación. El sacerdote es el mediador entre Dios y los hombres, y entre los hombres y Dios. Es decir, quien lleva la vida de Dios —su paz, su energía, su misericordia, su perdón y su luz— hasta este mundo, y quien presenta y eleva la vida de este mundo —sus gritos y necesidades, sus gozos y alabanzas— hasta la intimidad de Dios. El sacerdote es quien hace de puente entre estos dos mundos.

Escuchar los gritos

Escogemos un suceso narrado por el Evangelio entre los mil que podríamos escoger para hablar de nuestro tema. Hay un ciego junto al camino pidiendo limosna. Oye mucho alboroto, pregunta y le responden: «Es Jesús, el Nazareno». Se pone a gritar —hay que ponerse en situación, un ciego gritando como un histérico—: «Jesús, Hijo de David, ten compasión de mí». Resulta tan escandaloso e incluso molesto que le piden que se calle. Cuanto más le recriminan, más grita. Hasta aquí quería llegar. Este hombre *gritó*.

Hoy en día hay mucho grito en nuestra sociedad. Deberíamos cuestionarnos si somos capaces de escuchar esos gritos. El cristiano que el mundo necesita hoy, el santo de copas, debería tener una gran sensibilidad para escuchar los gritos de sus compañeros —y de los no compañeros también—.

Sería interesante que fuésemos capaces de escuchar el grito de quien se coloca con unos porros, se lía con la primera que pasa o se excede con la bebida. Esa persona está buscando un punto más; quiere «colocarse» en otro mundo, vivir otras sensaciones, salir de su vida real… El movimiento es claro: es alguien que desea una felicidad que no encuentra en su vida real. Sus gritos sordos rasgan el alma de quien le mira con afecto; por todos lados asoma su frustración y su deseo de que la química le proporcione lo que la vida no le ofrece o él no es capaz de conseguir.

La droga no es el camino del gilipollas. Es la escapatoria del idealista que no se siente cómodo en este mundo, o del frustrado que no ve salida a su situación, o del entusiasta ingenuo que desespera de la vida porque *todo es una mierda*.

Es cierto que la química logra situar a esa persona en un estado superior de felicidad, que es mayor de la que tiene en condiciones normales. En el fondo, este mundo no termina de gustarle, o su vida no es la que él querría. Seguramente no se hará grandes planteamientos filosóficos, pero con sus obras está hablando: su grito reconoce que él está hecho para algo más, que no se conforma con la basura o la mediocridad de su mundo real.

No se trata de ir de psicólogo adivino por la calle, interpretando lo que hace el de al lado, pero sí de saber escuchar los corazones. Un joven santo de copas escucha esos *gritos que no gritan* —porque la boca está callada o dice lo contrario—. Pero el corazón sí grita. Y con más fuerza de lo que lo haría la más desesperada de las bocas, no para de gritar: «¡Ten compasión de mí!».

Se podría objetar que la mayor parte de las veces se hace por hacer, y no hay grito que valga: «se pone de moda en mi círculo, lo hacen todos, es solo una forma de integrarme, el canuto me hace compañía, soy porreta social, no pasa nada por un poco de vidilla, es solo por no ser tan serio»... Quizá sea así en muchos casos, sí. Pero no sé... Por ejemplo, recientemente estaba invitado a comer; una situación frecuente es la que llega cuando te ofrecen más del plato preparado, que está exquisito: «No, gracias. Estoy bien». Se trata de algo tan sencillo como esto: si estoy bien como estoy, no quiero meterme nada más en el cuerpo. Si como más, seguramente romperé el equilibrio en el que me encuentro. Quien está bien, no busca más.

Otros gritos. La marca *Páthos* iniciaba su mercado con unas camisetas en las que se lee: *So many likes when all you need is love*. Interesante. En las distintas plataformas se ofrece la posibilidad de recaudar *likes*. Hay estrategias para que el número sea mayor. Uno tiene doscientos, quinientos... Otros, cientos de miles, algunos hasta del orden de los seis ceros... ¡Menuda fiebre por los *likes*! Aunque a la mayor parte de la gente no le va la vida en conseguir *likes* —no hablo de comportamientos enfermizos, sino de la gran normalidad—, sí es verdad que, en general, nos gusta y por eso lo buscamos. Algunos dicen que Facebook es un lugar donde mostrar imágenes para que el mundo vea cómo me lo paso, lo feliz que soy, de lo que soy capaz, mis coqueteos con el mundo de los famosos, mi cercanía a las personas más guapas del planeta, las aventuras arriesgadas, el disfrute del lujo... Es lógico y así debe ser: nadie publica en su Facebook una foto con sus tormentos interiores.

¿No es posible advertir en estos comportamientos algún grito sordo? ¿No es verdad que esta búsqueda de *likes* puede ser expresión de la búsqueda de aceptación, de la necesidad de ser valorado por los otros, del deseo de ser aprobado? ¿No es cierto que, aunque lo que busco sean *likes*, lo que realmente necesito es ser amado?

Al modo de relacionarnos con la electrónica también conviene prestarle atención: estamos continuamente revisando si hemos recibido nuevos mensajes; dejamos comentarios en las RRSS; repasamos si hay noticias de última hora; curioseamos en la vida personal de los demás... Muchas veces estos comportamientos no son más que un grito desde cierto vacío interior y alguna pobreza personal.

Es importante escuchar el grito de incapacidad de vivir desde mí mismo, el grito de insatisfacción y la falta de paz.

Incluso en el hecho de fumar también pienso que puede haber un grito de búsqueda «de un poco más» o de una fuerza o inspiración para acometer lo que estoy afrontando. Respecto a este tema no me extiendo; aunque cuando escribo este libro todavía soy fumador, tengo pensado el contenido de un futuro libro con los verdaderos motivos por los que dejar de fumar. Ahí sí que hay un *bestseller*.

Me ha llamado la atención el aumento de estudiantes que comentan la competitividad que viven en sus aulas, hasta el punto de no dejarse apuntes, de ocultar información válida para afrontar asignaturas, etc. ¿No desvela este comportamiento, en algunos, el grito de quienes necesitan seguridad en sí mismos con unos resultados por los que puedan ser valorados? Los inseguros gritan que no encuentran una roca firme sobre la que edificar su personalidad y su vida. ¿No gritan así los que ambicionan lo mejor, y no han encontrado otro lugar más apropiado para autoafirmarse que el profesional? ¿No gritan también los que necesitan aceptarse a sí mismos, demostrarse que son capaces de algo grande, para cumplir las expectativas que otros han proyectado sobre ellos? Se sienten calificados y se «autocalifican». Son casos en los que no hay una ambición por lo mejor para servir; la ambición que viven no es libre, sino tensa y cargada de miedos. Sus gritos son de dolor y se alzan desde la soledad.

Los corazones de los que así viven se encuentran en tensión y con cierta oscuridad. Cuando me paro en los semáforos me gusta fijarme desde la moto en las caras de las personas que cruzan la calle. Me llama la atención la cantidad de viandantes que muestran tensión, cualquier tipo de tensión, en sus rostros. No es que vaya de adivino, pero es cierto que raramente transmiten paz y alegría. Veo pocos rostros con luz, pocas personas canturreando, pocos gestos o muecas de tranquilidad y gozo. Según las zonas, las personas vestirán con pieles o con chándal, sus caras estarán más o menos maquilladas, se les notarán las arrugas de la almohada o los granos de la adolescencia, etc. Lo que tienen en común es que son rostros que gritan.

Otros gritos llegan desde la sexualidad. Sostiene Grün que «la sexualidad es la fuente principal de que disponemos para el desarrollo de nuestra espiritualidad»[59]. Sin embargo, cuando uno es incapaz de controlar su propia sexualidad, no le resulta posible llegar por su propio esfuerzo a ser persona espiritual y acude a ella rebajándola a una fuente de placer. En la masturbación o en la pornografía, por ejemplo, puede escucharse el grito de quien ansía comunicarse, unirse y fundirse con un amor en el que se trascienda a sí mismo; su cuerpo grita, pero él es incapaz de realizar su sueño y tiene que conformarse con su soledad. Este grito es sufrido y rasga la esperanza, pues uno va siendo consciente de que las cadenas de la concupiscencia tienen unos grilletes cada vez más difíciles de soltar. Necesitamos escuchar estos gritos: van cargados de insatisfacción.

Otros gritamos en los excesos. Cosa buena en el hombre sano es el ansia por disfrutar. Pero cuando caigo en el exceso es como si dijese: «Me gusta el alcohol o la noche». Bebo y salgo, por supuesto. Sin embargo, como la bebida no me da lo que busco o de la noche esperaba algo más, como no satisfacen mis expectativas, aumento la cantidad. Si se acaba la copa y todavía quiero disfrutar más, iré a por otra —y a por unas cuantas más—. Busco en la bebida más de lo que la bebida puede darme. Y en vez de buscar saciarme en lo que puede saciarme, sencillamente aumento la cantidad a ver si así recibo más. Como se me queda corta la aportación que me proporciona, me excedo. Y como esas charcas no sacian la sed, continuamos sedientos. Quien se excede está gritando que tiene sed de más. Lo mismo en las salidas nocturnas, en las fiestas, en la comida o en cualquier otra cosa.

Ya tratamos algunas de estas experiencias en otros capítulos. No se trata de evitar el disfrute, sino de aprender el arte de disfrutar.

Un grito ensordecedor es el que damos al vestir. Al ver cómo visten algunas chicas uno se pregunta: «Pero esta, ¿qué estará buscando?». Lo que está claro es que busca algo, pues no es normal que vaya como va. Cuando despiertan más la pasión que la admiración, cuando provocan en lugar de seducir, las mujeres están gritando algo. Quizá sea un gran «¡Por favor, que alguien se fije

[59] Anselm Grün, *Una espiritualidad desde abajo*, pág. 84.

en mí!», «¡quiero atraer a alguien!», «hazme caso», «te doy lo que quieras, pero ven conmigo»... No es exclusivo de la mujer este grito; los hombres lo hacen incluso con más violencia.

Es importante que escuchemos estos gritos mudos. Como el de quienes te vienen y te cuentan lo que han hecho, lo que van a comprar, que cogieron mil por hora o dieron un salto mortal, o burlaron a la policía, o estuvieron en un yate de veinte metros de eslora. Son cosas interesantes, y compartirlas forma parte del vivir. Pero en ocasiones te das cuenta de que la persona en cuestión está tratando de despertar algo en el auditorio, que no busca solo transmitir información o pasar un buen rato, sino que está necesitando algo más: cuelga del relato algo importante para él. Aquello será verdad, pero es anecdótico. ¿Estará gritando soledad, necesidad de aceptación, algún complejo? Está queriendo dar una imagen con la que quizá lo que dice sea: «Por favor, que yo valgo, quiéreme», o no sé. Pero está gritando.

A veces quien grita es la madre de uno, o su padre. No dice nada, pero grita. No se atreven a reclamar o a pedir, pero están sufriendo.

Hay muchas personas en las aulas de la universidad que están solas, muy solas.

Lo mismo podríamos decir que ocurre a veces con el dinero, y con mil cosas más. Lo interesante es ir escuchando los gritos de los demás: cuando vayamos a la universidad, cuando estemos en la discoteca o en el club de deporte, al ir de compras o mientras descansamos en la playa, en casa o por la calle.

Escuchar nuestros propios gritos

Si somos sordos no podremos ser sacerdotes. No podremos amar, no sabremos querer. ¿Por qué? Porque no conoceríamos, entonces, a la persona real. Escuchar los gritos supone tener la *capacidad* de oírlos.

Si somos humanos, y más si somos cristianos —sacerdotes—, viviremos escuchando gritos. Si no los escuchamos quizá sea porque necesitamos antes oír los nuestros, atenderlos y acallarlos. Porque si mi corazón grita fuerte, estaré ensordecido por mis propios gritos y no seré capaz de escuchar los de los demás.

¿Escuchamos nuestros gritos? Es conocida la expresión «pan y circo». Tiene su origen en el Imperio Romano; en épocas difíciles, cuando el emperador deseaba emprender un proyecto que podía generar descontento u oposición, para distraer la atención del pueblo le ofrecía más pan y más circo. Pienso que a veces somos con nosotros mismos como esos emperadores: si hay crisis, gritos o problemas en mí, me doy pan y circo y así me quedo contento y tranquilo. Al cuerpo le concedo algunos caprichos, cuido más el poder adquisitivo, consolido unas costumbres más cómodas —eso con respecto al pan—. Y como circo me meto en mil fiestas, aumento las relaciones sociales, monto unos cuantos viajes visitando amigos que están fuera o viven repartidos por el planeta, aumento mis audiciones de música... Todos estos recursos funcionan en muchas ocasiones para acallar los gritos personales de soledad y frustración. Si estoy cómodo y me distraigo —pan y circo— evito vivir consciente de mis problemas. De este modo, ni los acepto ni los afronto. Vivo fuera de mí para no admitir mi insatisfacción. ¡Si mi corazón fuese capaz de decir algo, quizá vencería mi sordera! El problema es que en muchos casos no dice nada porque no sé ni qué me pasa, porque tengo miedo de que me hagan daño, porque no sé que todo eso se puede compartir.

Recordemos: nosotros, santos de copas, tenemos que estar atentos a los gritos de los otros. Eso requiere, como primer paso, que vivamos con paz.

¿Qué quieres que haga por ti?

Volvamos a lo ocurrido entre el ciego gritón y Jesús. Después de que algunos le recriminen por gritar, finalmente consigue que le oiga Jesús, quien pide que le acerquen a ese hombre. Cuando lo tiene frente a él, le dice: «¿Qué quieres que haga por ti?».

Este es el siguiente paso. Tras escuchar los gritos, acercarme y preguntarle a quien grita qué quiere que haga por él. Esta es la forma de vivir del cristiano.

Cuando hablamos de «amar», parece que es un verbo algo abstracto, etéreo, inconcreto. Sin embargo, «amar» designa la acción más encarnada. Lleva implícito el escuchar, acercarme y preguntar para ofrecerme.

Una canción de Hakuna lo expresa así:

> Llamaré, entraré,
> miraré, escucharé,
> sonreiré,
> amaré, preguntaré,
> acariciaré, comprenderé,
> abrazaré.
>
> Verbos de la misericordia,
> verbos que harán nuevo nuestro mundo.
>
> *¡Que no se pierda ninguno!*
> *¡Que no se pierda ninguno!*
>
> Te reconoceré en su voz,
> te escucharé en su dolor,
> te consolaré,
> te alimentaré y acompañaré
> y en tu nombre le preguntaré:
> ¿qué quieres que haga por ti?
>
> Pregunta de la misericordia,
> pregunta que hará nuevo nuestro mundo.
>
> *¡Que no se pierda ninguno!*
> *¡Que no se pierda ninguno!*

Hay comportamientos que se nos pueden exigir a los cristianos para poder ser sacerdotes. Es básico no criticar a nadie. ¿Cómo acercarme a una persona y pedirle que me exprese su dolor y ofrecerme para servirle, si soy desleal? ¿Cómo me confiará lo que necesita, si me ha oído hablar mal de otras personas? No podrá.

Nuestro estilo de vida condiciona a los demás para servirse de nosotros. Por tanto, deberemos ser positivos y justificar siempre a conocidos y desconocidos. Esto no es una estrategia para ser simpáticos y conseguir que los demás nos cuenten su vida; se trata de ser personas con un comportamiento humano tremendamente misericordioso y tierno. En caso contrario, al acercarnos a otros y preguntarles «¿qué quieres que haga por ti?», podrían contestarnos: «lo mejor que puedes hacer por mí es olvidarme» o «no te preocupes, aléjate que estaré más seguro».

Ser comprensivos, justificar a los demás, hablar bien, ser leales, saber abrazar situaciones y personas, hablar bien de quienes no conozco, ser misericordioso con todos. Si veo una prostituta no puedo hacer un comentario negativo hacia ella; esa persona está gritando, sufre, y vete a saber qué situación la ha llevado hasta ahí. Al verla solo veré una hermana que sufre —en caso de que no sufriera, posiblemente sería por una sensibilidad más deteriorada todavía—.

Se nos puede exigir a los cristianos que tengamos una mirada misericordiosa sobre todos los hombres, una visión tremendamente humana, misericordiosa y sobrenatural de todas las personas. Entonces sí podremos acercarnos y preguntar «¿qué quieres que haga por ti?».

«Quiero ver», le contestó el ciego a Jesús. A ver qué nos dicen a nosotros. Para que nos contesten, hay que darles tiempo. Saber esperar su momento. Respetarles. Rodearles de comprensión mientras se les ablanda el corazón, mientras remite el dolor y van ganando confianza.

Ser sacerdotes o vivir en misericordia

Ser cristiano es fundamentalmente vivir así, ejerciendo el sacerdocio de Cristo. Llevar a cada grito la paz de Dios, la misericordia de Dios, la comprensión de Dios, la luz de Dios. Lo que les llevo es de Dios, y les debe llegar a través de mí. Cristo llega hasta ellos, les atiende y consuela a través de mí. Este es el sentido descendente en el que obro mi sacerdocio.

Somos sacerdotes de Cristo —Cristo es sacerdote para ellos en mi persona—, y por eso llevamos el mundo de Dios hasta el mundo nuestro. Y en sentido inverso, llevamos hasta la presencia de Dios los gritos que escuchamos en este mundo. Vivimos con la misión de recoger todos estos gritos de los hombres —conocidos y desconocidos— para presentarlos a Dios.

Este sacerdocio lo ejercemos en contacto directo con las personas que gritan, y en la liturgia. La oración de los fieles que hacemos en cada misa después de la homilía no es una pose; en ella se recogen las necesidades de todos los hombres, especialmente las de los más pobres y sufrientes, y las llevamos hasta Dios. Es difícil vivir con la intensidad que requiere el momento en que rezamos «Señor, ten piedad»; en ese instante, recogemos el grito de todos aquellos que, como el ciego, claman —aun sin saberlo—: «Jesús, hijo de David, ten compasión de mí». Y se lo presentamos al Dios santo y bueno.

Los cristianos vivimos para amar. Y amamos, en primer lugar, escuchando gritos, acercándonos a cada hombre y ofreciéndonos sinceramente al preguntarle qué quiere que hagamos por él.

Para el cristiano la misericordia no es una actividad a la que dedica un tiempo semanal, ni siquiera diario. La misericordia es una forma de vivir en la que cada minuto del día estoy escuchando y ofreciéndome, una forma de vivir en la que me gasto como sacerdote llevando a los hombres lo de Dios, y a Dios lo de los hombres. Por eso el cristiano vive sin tiempo para él.

El cristiano no *practica la misericordia*, sino que *vive en misericordia*. Va a una fiesta con la disposición abierta de escuchar los gritos para ofrecer lo que se necesite de él; se plantea el verano o el fin de semana sacerdotalmente, y no lo monta en torno a sus posibilidades o apetencias. Elegirá libremente estar donde más se le necesite, donde pueda acompañar a sufrientes, donde pueda llevar paz —y el santo de copas sabe que no será necesariamente en un campo de refugiados ni en un barrio pobre de su ciudad; quizá sea en casa, con su abuela o con el amigo íntimo—.

Es preciso que el cristiano de hoy viva en misericordia: que escuche los gritos propios y alcance la paz, que sea capaz de escuchar los gritos de los demás y se ofrezca a cada uno preguntándole: «¿qué quieres que haga por ti?». Así vivirá en misericordia, como nuestro Padre Dios, que es misericordioso.

Los cristianos amamos el cuerpo, hasta el punto de que reconocemos en él una realidad sagrada. No puede ser de otra manera desde el momento en que Dios se hace hombre. Cristo es hombre; no se pone un traje de hombre, no se reviste de un cuerpo a modo de disfraz, sino que es un ser corporal. Y nosotros veneramos el Cuerpo de Cristo, y veneramos nuestro cuerpo.

16 LA ESPIRITUALIZACIÓN DEL CUERPO

Es curioso. Algunos miden la santidad de una persona por el grado de indiferencia que alcanza con respecto a lo que hace referencia a su cuerpo. Como si llevar sucia la dentadura, vestir con zapatos de mal gusto o convivir pacíficamente con un grano horrible en la cara fuera más propio de un santo que llevar un traje de baño bonito, oler bien y hacer deporte para estar en forma.

Es posible que a alguien le extrañe lo que afirmo, pero continuamente me encuentro con gente con esta mentalidad. Y no personas mayores, sino chavales, incluso niños. Fuera y dentro de la Iglesia. Por eso, antes de ser sacerdote a nadie le extrañaba que llevase unos zapatos con gusto y cuidase mi ropa, pero desde que soy sacerdote se escandalizan porque vista un traje de baño rosa o cuide mi calva. Es una mentalidad que se ha alejado ya mucho de aquel Jesús que vestía con una túnica de una sola pieza.

¡Dios se hizo hombre! Cristo ha afirmado que el cuerpo es una realidad buena y santa. No asumió el pecado porque es incompatible con Él mismo, pero sí asumió perfectamente la condición humana, condición corporal. ¡El cuerpo es fantástico! El espíritu de los cristianos de ahora, que se proponen ser santos de copas, vive una veneración por el cuerpo que debe llamar la atención al mundo. El mimo del cuerpo es imprescindible para un santo: «(…) que también su vida se manifiesta en nuestra carne mortal», dice san Pablo.

«La secta que da culto al cuerpo»

Hay muchas teorías filosóficas dualistas que entienden que se da un enfrentamiento entre alma y cuerpo. Muchos piensan que el cristianismo es una de ellas y que los cristianos tenemos cierta aversión al cuerpo, que vemos el cuerpo como el malo de la película, lleno de pasiones, objeto de tentaciones, que apresa al alma y no la deja volar.

Pero el cristianismo no se alinea con estas teorías en absoluto. De hecho, en los primeros siglos, Celso, pensador de la Antigüedad, hace una crítica a los primeros cristianos en la que les acusa de ser «esa secta que da culto al cuerpo»[60]. ¡Los primeros cristianos tenían tal consideración por el cuerpo que daban a entender que su religión daba culto al cuerpo!

Así es. Los cristianos amamos el cuerpo, hasta el punto de que reconocemos en él una realidad sagrada. No puede ser de otra manera desde el momento en que Dios se hace hombre. Cristo es hombre; no se pone un traje de hombre, no se reviste de un cuerpo a modo de disfraz, sino que es un ser corporal. Y nosotros veneramos el Cuerpo de Cristo, y veneramos nuestro cuerpo.

¡Ojalá volvamos a provocar en el mundo la crítica de la que acusaron a los primeros cristianos, «esa secta que da culto al cuerpo»!

Nuestro cuerpo necesita ser liberado

Nuestro cuerpo tiene unas tendencias que son consecuencia del pecado; por eso decimos que es un cuerpo caído. Como indicábamos en el capítulo quinto, experimentamos cierta desintegración: tenemos experiencia de que en nosotros lo inferior no está sometido a lo superior. Eso lo comprobamos cuando decidimos levantarnos a una hora y seguimos en la cama o cuando nos proponemos comer menos, o no fumar durante unas horas, y nos encontramos picoteando fuera de hora o echando un cigarro. Ese cuerpo desintegrado que obra independientemente de lo que yo quiero no es mi enemigo; es mi amigo, pero tengo que liberarlo para que sea lo que yo quiero que sea y obre lo que yo quiero que obre.

Jesucristo resucita porque el amor del Padre es más fuerte que la muerte y le devuelve el cuerpo: devuelve la vida a su cuerpo.

[60] Citado por Xavier Lacroix en *L'Avenir, c'est l'autre*, Éd. du Cerf, 2000, pág. 144. Celso, filósofo pagano y neoplatónico, claro adversario del cristianismo, designaba de manera insultante y despectiva a los cristianos con el apodo *philosomaton genos* («el pueblo que ama al cuerpo»).

La misma potencia del amor que resucitó a Jesucristo obra en nosotros con un poder de transformación increíble. La fuerza de la resurrección es actual, su poder sigue obrando hoy resurrección, y Jesús obra su resurrección en nosotros. Por supuesto, solo puede actuar en la persona que se abre libremente a Él, en la medida en que le dejemos.

La resurrección no se refiere a un hecho del pasado, sino que es una realidad actual, que actúa en el presente. Hay una presencia activa del amor del Padre que llega hasta nosotros, que tiene el deseo —eficaz por su parte— de ir resucitándonos a nosotros en cada momento: resucitarnos del pecado, del vicio, de todo lo que es muerte en nuestras vidas. Es necesario que —por nuestra parte— dejemos que la fuerza de la resurrección libere nuestro cuerpo y nos deifique.

Los cristianos esperamos que se cumpla la promesa que hemos recibido de ser salvados, redimidos, transformados y deificados. Pero esta promesa va dirigida a la persona que soy yo, no a mi alma únicamente. Dios me promete la salvación a mí, cuerpo y alma. Por eso podemos rezar: «Señor, que nos dejemos poseer por el intenso amor del Padre capaz de resucitar, por la poderosa vida compartida del Hijo resucitado y por la infinita capacidad transformadora y sanadora del Espíritu, de tal manera que sea redimido todo mi yo, mi cuerpo y mi espíritu».

Existen los cuerpos espirituales

Cuentan los Evangelios que Cristo resucitado tiene un enorme interés en hacer comprender a sus testigos que Él ha resucitado con un cuerpo, que no es un fantasma. A Tomás le dice que toque para que vea que tiene las mismas llagas con las que le vio la última vez y la herida de la lanza en su costado. En otra ocasión come con ellos un pescado que prepara en unas brasas. Le importa al Señor hacer patente que su resurrección es corporal. Su cuerpo ha cambiado de condiciones: a esa nueva manera de ser el cuerpo de Cristo resucitado, para entendernos, le llamamos «cuerpo glorioso». Es su mismo cuerpo —«mete aquí tu dedo en mis llagas», le dice a Tomás—, pero en otras condiciones.

Jesús de Nazaret acoge en todo su ser —cuerpo y alma— el Espíritu de Dios, su fuerza creadora y el poderoso amor del Padre. Nosotros también le acogemos en nuestro yo con todo su ser, cuerpo y alma. Importante: el cuerpo también está presente en la acogida. En otras palabras, en el camino de espiritualización que vive todo cristiano no se queda fuera el cuerpo. El cuerpo también se espiritualiza. Pasa de su estado de cuerpo caído —con una fuerza animal grande, un cuerpo con mucha gravedad, carnal, esclavizado, sometido a los instintos—, a un estado de cuerpo espiritual. Por eso, nos alegra gritar con Rupnik: ¡sí, claro que existen los cuerpos espirituales!

La obra de liberación y , al mismo tiempo, de espiritualización de nuestro cuerpo es obra del Espíritu. San Pablo reconoce un gran vínculo entre el Espíritu Santo y el cuerpo: el cuerpo es *su* templo. Y por eso enseña un respeto enorme al cuerpo. Y es el Espíritu quien realiza esa espiritualización del cuerpo, es su obra en nosotros. Sí. Es importante que con el Espíritu demos muerte a lo que esclaviza nuestro cuerpo —mortificación—, pero siempre como algo espiritual. No es cristiano castigar al cuerpo, oponerse a él como el domador a la fiera. La espiritualización es un proceso espiritual, es obra del Espíritu, es fuerza poderosa de amor que no permite que la muerte tenga sometido a nuestro cuerpo y nos resucita. Nosotros colaboramos con Él.

El cristiano, entonces, vive que el Espíritu se adentra en su carne, y que su carne se adhiere al Espíritu. Este proceso de fusión es progresivo, no instantáneo; no nos resulta fácil destronarnos y dejarnos invadir por el Espíritu. Quien haya leído las Confesiones de san Agustín recordará su lucha. Volvemos a afirmar: ¡sí, claro que existen los cuerpos espirituales!

Rezaba Isaac el Sirio:

> Oh Cristo, puerto de misericordia… dame otros ojos, otros oídos y otro corazón, para que en vez del mundo yo oiga, vea y sienta aquellas cosas que Tú custodias en la revelación de tu gloria para la estirpe de los cristianos, mediante una vista, un oído y una sensación no comunes[61].

[61] Segunda colección, 2: trad. it. en Id., *Un'umile speranza*, Magnano 1999, p. 235.

Puede irradiar la gloria de Dios

Jesucristo obedece hasta la muerte, y más allá de la muerte, hasta la vida.

> Esta vida y esta gloria se dejan ya atisbar un poco en el cuerpo de Jesús durante su vida en la tierra, pero solo en raras ocasiones. El ejemplo más llamativo es el de la transfiguración, que sucede en la soledad, en una montaña, cuando Jesús estaba orando. Repentinamente, la realidad profunda invisible de su oración toma forma visible hasta en su cuerpo y en sus vestidos, e incluso en la naturaleza de alrededor (…).
>
> Hasta en el cuerpo de Jesús su oración resplandece. Su rostro irradia la gloria de Dios, aquella misma gloria que había recibido de su Padre, antes de todos los tiempos, como Unigénito. En Él, todo lo humano, hasta las vestiduras, está impregnado del resplandor de su dignidad. Se muestra revestido en la luz y el fuego, pues Dios es luz y fuego consumidor[62].

Esta realidad vivida por Jesús la compartimos sus seguidores con Él:

> A veces, desde esta vida efímera, un hombre en oración puede irradiar la gloria que recibirá de la resurrección, ya que la encarnación de Jesús y el poder de su gloriosa resurrección están ya actuando plenamente en nuestro mundo.
>
> Ciertamente esta fuerza está todavía escondida, como la levadura en la masa, pero desde ahora puede irrumpir a través de lo efímero y revestir a un hombre del resplandor de la vida futura[63].

La ley y la verdad profunda se manifiestan también corporalmente; Cristo irradia la verdad en su cuerpo.

Hay personas que irradian en su cuerpo su belleza y riqueza espiritual. En ellas resplandece la resurrección de su espíritu, la paz, la confianza, la caridad… El brillo de Dios resplandece en sus cuerpos; en ellos se manifiesta la gloria y la resurrección de Cristo. Hay otras personas que, por el contrario, están muy sometidas a

[62] André Louf, *El Espíritu ora en nosotros*, Narcea, Madrid 2000, p. 42.
[63] Ibídem, p. 43.

las leyes corporales físicas: les cuesta andar, les cuesta levantarse, soportar un dolor de cabeza, les pueden los instintos… Unos cristianos tienen cara de resucitados, otros no. Nietzsche, filósofo ateo alemán, acusaba a los cristianos de haber perdido la cara de resucitados, y con razón. Decía: «¿Qué habéis hecho, cristianos, del gozo que os dieron hace dos mil años?».

Antonio Machado, en una de sus célebres poesías, termina contando lo que le ocurre en uno de sus viajes en tren:

> ¡Frente a mí va una monjita
> tan bonita!
> Tiene esa expresión serena
> que a la pena
> da una esperanza infinita.
> Y yo pienso: Tú eres buena;
> porque diste tus amores
> a Jesús; porque no quieres
> ser madre de pecadores.
> Mas tú eres
> maternal,
> bendita entre las mujeres,
> madrecita virginal.
> Algo en tu rostro es divino
> bajo tus cofias de lino.
> Tus mejillas
> —esas rosas amarillas—
> fueron rosadas, y, luego,
> ardió en tus entrañas fuego;
> y hoy, esposa de la Cruz,
> ya eres luz, y sólo luz...
> ¡Todas las mujeres bellas
> fueran, como tú, doncellas
> en un convento a encerrarse!...
> ¡Y la niña que yo quiero,
> ay, preferirá casarse
> con un mocito barbero!
> El tren camina y camina,
> y la máquina resuella,
> y tose con tos ferina.
> ¡Vamos en una centella!.

Proceso de espiritualización

Que mi cuerpo empiece ya en esta vida ese proceso de espiritualización. El cuerpo está hecho para ser un cuerpo glorioso en la presencia de Dios, deificado; un cuerpo progresivamente más libre de las leyes del cuerpo caído, del cuerpo dirigido por los instintos, por las comodidades y necesidades que se le imponen:

> Solo Dios, con la fuerza de su Espíritu, puede iniciar y llevar a plenitud en nosotros esta «pascua», este «paso» a la esfera del Espíritu. La ascesis es un signo y un milagro del Espíritu Santo, y si no es eso —si no es algo que acontece en nosotros y que trasciende lo que podemos hacer humanamente por nosotros mismos— entonces no es todavía una ascesis cristiana. En último análisis, toda ascesis del cuerpo (como el celibato, según Pablo) es cuestión de adherirse al Señor a través de nuestros cuerpos, y llegar a ser un solo Espíritu con Él[64].

Es importante amar el cuerpo, saber ir llevando el cuerpo en unidad con el alma hacia un estado que es el definitivo, al que está llamado. Que en mi persona el cuerpo esté tremendamente impregnado de las verdades profundas que responden a mi identidad, a quién soy yo: imagen de Dios, hijo de Dios, una persona creada para la libertad… Es bueno pedir a Dios que nuestro cuerpo irradie la gloria de Dios presente en mi alma, porque yo soy templo suyo.

Hay que cuidar el cuerpo, amar el cuerpo; el nuestro y el de los demás. Respetar muchísimo el cuerpo, el nuestro y el de los demás. Que el hecho de ver un cuerpo bello se convierta en nosotros en motivo de dar gloria a Dios, de agradecimiento y de contento por la belleza de su creación y que no signifique un despertar de los instintos personales y del deseo de posesión.

Que mi cuerpo rece y sea quien enseñe a rezar a mi espíritu. Que reconozca con mi cuerpo que no necesito nada más que a Dios, y que defienda mi libertad frente a muchas de las cosas que se me presentan como necesarias —este es uno de los sentidos del

---

[64] André Louf, *La vida espiritual*, Monte Carmelo, Burgos 2004, pp. 13-14.

ayuno, de las vigilias, de la mortificación—. Que mi cuerpo esté el servicio de Dios y que yo no esté encadenado a las leyes del cuerpo.

Es todo un proceso en el que yo, por un lado, privo al cuerpo de ciertas cosas porque quiero libertad y a la vez vivo disfrutando con mi cuerpo —cuando me tomo un buen vino, me doy un buen baño, escucho buena música, como una buena comida o duermo una buena siesta, me pongo una bonita prenda de ropa o salgo del gimnasio—.

Cristo nos enseña a ser muy humanos y muy divinos. Ambos conceptos no se oponen. Es más: solo quien es muy humano puede ser muy divino. Un santo descarnado y descorazonado no es un santo.

San Pablo lo dice de manera sublime cuando anima a los cristianos de Corinto «a llevar siempre la mortificación de Jesús en nuestro cuerpo, para que también su vida se manifieste en nuestra carne mortal» (2 Co 4, 10-11). Así es: en nuestra carne mortal debe manifestarse su vida.

17 SEXO SIN GRAVEDAD

Si todo el mundo conociese la verdad de la sexualidad humana, la vida sería mucho más bella.

Escribe el poeta en el poema que titula con una sola palabra, "Centro":

> Tocar tu mano y no sentir el hueso frío
> que desde dentro ahora la mueve,
> solo la piel caliente, el roce leve
> de una carne hecha espíritu, sin peso;
> morder luego tus labios, y en el beso
> quitarle al cráneo que hay detrás relieve,
> y a la nuca dureza, y que la breve
> vida parezca eterna en el proceso.
> Cerrarte en un paréntesis de brazos
> donde no cabe el mundo, ver que rota
> mi ser alrededor de tus caderas,
> romper con lo exterior todos los lazos,
> y entrar en una realidad ignota,
> que es solo un centro en donde no hay afueras[65].

Glosar una poesía lo considero un delito. Solo puedo animar a leerla varias veces, hasta retener su contenido íntegro en el alma, hasta que al leerla seas consciente de que no lees nada nuevo, sino que vas sacando lo que ya sabías. Pero pido permiso para regodearme con algunas consideraciones implícitas en el poema.

La sexualidad no pesa

¡Tocar sin gravedad! ¡Qué maravillosa forma de tocar! Tocas una carne que es espíritu, o mejor, tocas el mismo espíritu que se presenta encarnado; espíritu encarnado o carne espiritualizada. No es pura biología. No es solo física. No es manoseo. Es roce.

---

[65] Lorenzo Oliván, "Centro", en *Puntos de fuga, 1996-2000.*

¡Roce leve! Roce de la piel caliente de una carne hecha espíritu, sin peso. La carne no pesa. Bien lo sabe cualquier yo de carne y hueso que ame un tú de carne y hueso. Amor carnal que gracias a la carne toca el espíritu del otro; o mejor, amor carnal que en la carne del otro está tocando su espíritu.

Tocar, besar, morder los labios, abrazar, girar en torno a las caderas... y así entrar en esa desconocida realidad que siempre me resultará desconocida por misteriosa, pero que al mismo tiempo conozco como mi centro, que contiene en sí todo lo que forma parte de mi vida. Todo lo contiene, nada permanece fuera de ese centro absoluto de mi persona.

Es un momento en el que el tiempo pasa a la eternidad; la eternidad se concreta y se funde toda en el momento.

Mitia, uno de los hermanos Karamázov, lo expresa así al hablar de la mujer de la que se encuentra enamorado: «Ahora he acogido toda su alma en la mía y gracias a ella me he convertido en hombre»[66]. La actividad espiritual de tomar el alma del otro en mi propia alma se realiza físicamente. Quien tenga una concepción dualista del hombre —alma y cuerpo como dos realidades que conviven con cierta armonía— nunca entenderá la sexualidad humana como la entendemos los cristianos.

Octavio Paz lo ha visto con claridad al afirmar que es su alma quien besa[67]. Benedicto XVI lo dice con otras palabras:

> El hombre es realmente él mismo cuando cuerpo y alma forman una unidad íntima; el desafío del eros puede considerarse superado cuando se logra esta unificación. Si el hombre pretendiera ser solo espíritu y quisiera rechazar la carne como si fuera una herencia meramente animal, espíritu y cuerpo perderían su dignidad. Si, por el contrario, repudia el espíritu y por tanto considera la materia, el cuerpo, como una realidad exclusiva, malogra igualmente su grandeza. El epicúreo Gassendi, bromeando, se dirigió a Descartes con

---

[66] Fiódor Dostoyevski, *Los hermanos Karamázov*, Alianza editorial, Madrid 2015, p.943.

[67] Recomendamos la lectura de su libro *La doble llama*, en la que trata con detalle este aspecto del eros.

el saludo: "¡Oh, Alma!". Y Descartes replicó: "¡Oh, Carne!". Pero ni la carne ni el espíritu aman: es el hombre, la persona, la que ama como criatura unitaria, de la cual forman parte el cuerpo y el alma. Solo cuando ambos se funden verdaderamente en una unidad, el hombre es plenamente él mismo. Únicamente de este modo el amor —el eros— puede madurar hasta su verdadera grandeza[68].

La sexualidad es sublime

Cualquier persona que se acerque al misterio de la sexualidad humana se dará cuenta de que está tocando algo que le excede. Nunca olvidaré un chico al que la vida había conducido desde adolescente a una actividad sexual intensa, frecuente, diversa y sin límites. Lo sabía todo acerca del sexo. Un día, terminando la universidad, se enamoró. Me decía que entonces descubrió que la sexualidad humana era otra cosa, rica y compleja, misteriosa y sublime. Reconoció que lo que él había vivido hasta el momento era tan solo genitalidad.

El filósofo Jean Guitton se pregunta en una de sus obras de plenitud: «¿Por qué la pasión amorosa es el único amor que le interesa a la gente?», y contesta: «Porque es lo único sublime al alcance de cualquiera».

La genitalidad es animal, la sexualidad es humana. La genitalidad pesa, la sexualidad eleva. La genitalidad está sometida a la gravedad de la naturaleza animal, la sexualidad sobrevuela la animalidad y nos acerca a la vida divina.

Tanto es así que en la historia precristiana, «los griegos —sin duda análogamente a otras culturas— consideraban el eros ante todo como un arrebato, una "locura divina" que prevalece sobre la razón, que arranca al hombre de la limitación de su existencia y, en este quedar estremecido por una potencia divina, le hace experimentar la dicha más alta»[69].

Y en el campo de las religiones, la prostitución sagrada —recuerdo la impresión que me causó ver en el tempo de Corinto la parte

---

[68] Benedicto XVI, *Deus caritas est*, n. 5.

[69] Ibídem.

reservada a las dos mil prostitutas que ejercían allí su trabajo— plasma la alta consideración que tenían de la sexualidad. A pesar de sus errores, ya que «las prostitutas que en el templo debían proporcionar el arrobamiento de lo divino, no son tratadas como seres humanos y personas, sino que sirven solo como instrumentos para suscitar la "locura divina": en realidad, no son diosas, sino personas humanas de las que se abusa». Pero sin duda, siempre se ha intuido «que entre el amor y lo divino existe una cierta relación: el amor promete infinidad, eternidad, una realidad más grande y completamente distinta de nuestras existencia cotidiana»[70].

La sexualidad es ejercicio del corazón

Ser capaz de percibir la sublimidad de la sexualidad es algo importante. Lo contrario lleva a la banalización, al uso sin más de los cuerpos, a la insensibilidad que en la carne solo ve carne. Eso sí, para alcanzar la experiencia sublime de la sexualidad hace falta corazón.

En una conversación fantástica, Guitton pone en boca de un amigo: «Jean, para ver el corazón hay que tenerlo. Ellos no tienen suficiente. Se les escapa lo esencial». Cuando uno no tiene suficiente corazón, cuando no es capaz de ver lo esencial, degrada la sexualidad a algo biológico. Y ese hecho sublime sin corazón provoca frustración, una gran frustración. Es estúpido pretender sanar la frustración aumentando la cantidad de ejercicios sexuales; no es cuestión de más cantidad, sino de un cambio cualitativo.

En otro momento, el mismo interlocutor pregunta a Guitton qué es el amor humano. Este contesta:

> —Un impulso de vida que se reflexiona, se interioriza y se eleva a lo espiritual. En la superficie, la juventud, la belleza, la pasión, el placer. En el primer nivel de profundidad, la alegría, el honor, la confianza, la estima, el respeto amoroso, la generosidad tierna, el afecto firme y cordial.
> —¿Y en las grandes profundidades?
> —El abismo que llama al abismo[71].

---

[70] Benedicto XVI, *Deus caritas est*, nn. 4 y 5.

[71] Jean Guitton, *Mi testamento filosófico*, Encuentro, Madrid 1999.

La sexualidad es difícil

No me resisto a servirme de una de las *Cartas a un joven poeta*, de Rilke.

> Por ser usted tan joven, estimado señor, y por hallarse tan lejos aún de todo comienzo, yo querría rogarle, como mejor sepa hacerlo, que tenga paciencia frente a todo cuanto en su corazón no esté todavía resuelto. Y procure encariñarse con las preguntas mismas, como si fuesen habitaciones cerradas o libros escritos en un idioma muy extraño.

Para acercarse adecuadamente a la sexualidad humana y descubrir algo de su sentido misterioso es preciso ser consciente de la propia ignorancia. Acercarse al misterio como un aprendiz y preguntar: «¿Qué significa esto?». La respuesta, como ante toda realidad misteriosa, no me vendrá formulada en una frase ni en muchas. La pregunta es personal, y la respuesta también. Debo saber vivir la pregunta, esperar, escudriñar, introducirme, sorprenderme, y así ir aceptando lo que se me vaya revelando, hasta que yo mismo descubra cuál es la verdad.

Este acercamiento exige respeto. No descubrimos la sexualidad sublime haciendo todo aquello de lo que es capaz nuestro cuerpo. Así no se desvela su verdad, como no se desvela la voz del silencio de la noche entrando a gritos en ella. Debo acercarme preguntando y esperando las respuestas. Preguntando, no a nadie, sino a la vida, a mí mismo, al otro. Y esperar la respuesta. Solo si busco su ser sublime me será dada la respuesta.

Continúa Rilke:

> (...) que tenga paciencia frente a todo cuanto en su corazón no esté todavía resuelto. No busque de momento las respuestas que necesita. No le pueden ser dadas, porque usted no sabría vivirlas aún -y se trata precisamente de vivirlo todo. Viva usted ahora sus preguntas. Tal vez, sin advertirlo siquiera, llegue así a internarse poco a poco en la respuesta que busca y, en algún día lejano, se encuentre con que ya la está viviendo también.

Reconozcamos su dificultad:

> El sexo es una dura y difícil carga, sí, pero es precisamente duro y difícil cuanto nos ha sido encomendado. Casi todo lo que es serio es también arduo, y todo es serio... Con tal que usted reconozca esto y, por sí mismo, conforme a su peculiar modo de ser y a sus aptitudes, merced a su infancia, a su experiencia y a sus propias fuerzas, llegue a conseguir y a mantener con el sexo una relación del todo propia y personal, libre de la influencia que por lo común ejercen convencionalismos y costumbres, ya no debe temer entonces ni el perderse a sí mismo, ni el hacerse indigno de su más preciado bien.

Sin convencionalismos. No es hacer lo que se acostumbra, sino lo que es propio y personal. Es una mirada propia y personal de esta realidad misteriosa. «Y lo malo no está en vivir esta experiencia, sino en que casi todos abusen de ella y la malgasten».

Es muy fácil abusar y malgastar la sexualidad. Y cuando uno la malgasta y la maltrata se incapacita para algunas experiencias de amor sublimes, que son espectaculares.

Malgastar el sexo es muy fácil; divertirse con el sexo es muy fácil; resolver cuestiones difíciles en la relación de pareja con el sexo es muy fácil; en momentos de bajón, excitarse y salir de ese momento es muy fácil, pero todo eso es una *cosificación*, una instrumentalización y una manipulación del sexo.

La sexualidad no merece ser instrumentalizada, su verdad es demasiado sublime como para ser usada como medio para otras cosas. Si rompo su dimensión misteriosa, nunca podré disfrutar de ella.

La sexualidad nos permite pregustar el amor infinito

Los cristianos sabemos además a qué realidad nos remite este misterio sublime de la sexualidad. En esta ocasión lo vamos a hacer de la mano de Raniero Cantalamessa[72]:

---

[72] Raniero Cantalamessa, "Cuarta predicación de Cuaresma", 11 de marzo de 2016.

En esta luz se descubre el sentido profundo del mensaje de los profetas acerca del matrimonio humano, que eso es por lo tanto símbolo y reflejo de otro amor, el de Dios por su pueblo.

Si para el mundo, para el poeta, para el filósofo, la sexualidad humana encierra algo de misterio, para nosotros los cristianos la sexualidad es un regalo de Dios al hombre, un regalo que le lleva a salir de sí mismo y a entregarse, a aceptar al otro en toda su persona. Esta unión de los dos que, como dice san Juan Pablo II, lleva a exclamar a Dios «Ahora sí que es mejor imagen de mí mismo»[73]. La posibilidad que nos ofrece el acto sexual de trascendernos en el amor esponsal nos permite reflejar mejor el ser íntimo de Dios.

(…) Esta visión cristiana de la sexualidad humana no significaba sobrecargar de un significado místico una realidad puramente mundana. No era cuestión sólo de simbolismo; era más bien revelar el verdadero rostro y el objetivo último de la creación del hombre varón y mujer (…) el de salir del propio aislamiento y egoísmo, abrirse al otro, y a través del éxtasis temporal de la unión carnal, elevarse al deseo del amor y de la alegría sin fin.

Cuando se vive la unión sexual al margen de esta sublimidad, deja en el alma cierta frustración, tal y como expresaba el pensador pagano romano Lucrecio[74], que describe así la vivencia amorosa:

(…) ávidamente estrechan sus cuerpos y unen la saliva de sus bocas y respiran profundamente apretando los labios con sus dientes; pero todo es inútil, ya que no pueden arrebatar nada de allí ni tampoco penetrar o fundirse en un cuerpo con todo su cuerpo.

---

73 Cuando el hombre y la mujer, en ese estado de pureza y de inocencia original que ya nos es inaccesible para siempre, se entregan totalmente a través de la alegría de la fusión y de la comunión de los cuerpos, son imagen de Dios. Solo cuando se convierten en una sola carne puede decirse que la creación está acabada y que la imagen de Dios está totalmente inscrita, encarnada en la materia. A este respecto dice san Juan Pablo II de una manera muy clara: «El hombre llega a ser imagen de Dios no tanto en el memento de la soledad cuanto en el momento de la comunión», Yves Semen, *La sexualidad según Juan Pablo II*, Desclée de Brouwer, Bilbao 2005, p. 80.

74 Lucrecio, "Textos sobre Venus", *De rerum natura*.

Lo que está queriendo realizar el hombre, el cuerpo solo no lo realiza. Quien vive de forma plana la relación sexual se da cuenta de que lo hace en vano, pues no alcanza lo que realmente busca.

A esta frustración se busca un remedio que no hace más que acrecentarla. En lugar de modificar la calidad del acto, se aumenta su cantidad, pasando de un *partner* a otro. Se llega así al estrago del don de Dios de la sexualidad, en marcha en la cultura y en la sociedad de hoy.

¿Queremos, de una buena vez, como cristianos, buscar una explicación a esta devastadora disfunción? La explicación es que la unión sexual no se vive del modo y con la intención pretendida por Dios, cuyo objetivo era que, a través del éxtasis y la fusión de amor, el hombre y la mujer se elevaran al deseo y tuvieran una cierta pregustación del amor infinito, que recordaran de dónde venían y a dónde se dirigían.

El pecado, empezando por Adán y Eva, ha atravesado este proyecto, ha profanado ese gesto y lo ha despojado de su valor religioso, convirtiendo un gesto en un fin en sí mismo, concluso en sí mismo, y por ello insatisfactorio. El símbolo ha sido desgajado de la realidad simbolizada, privado de su dinamismo intrínseco y mutilado.

Jamás como en este caso se experimenta la verdad del dicho de san Agustín: «Nos hiciste, Señor, para ti y nuestro corazón está inquieto hasta que descanse en ti».

La sexualidad es humana y divina

Los cristianos estamos llamados a transmitir al mundo un modo distinto de vivir la sexualidad. Un beso es expresión del alma: el alma se hace boca. Yo beso con la boca y beso con el alma. Alma y boca no están separadas. La boca es la encarnación del alma. El cuerpo soy yo.

Hay besos que son solo amor. No tienen gravedad; no ejerce fuerza sobre ellos la gravedad de la pasión, del instinto, de lo carnal. Besos puros, limpios, sin peso.

Si damos valor a un beso, a un abrazo, si cada gesto sexual lo cargamos de su sentido, si es verdadero y me implico con toda mi alma en ese acto, si en el centro se halla el otro, iré descubriendo que la sexualidad es la realidad más humana y más divina.

Es tremendamente humana y tremendamente espiritual, sin gravedad. Es *un roce leve*, la *carne hecha espíritu*. No solo el beso, también la mirada, el abrazo… Cada expresión sexual es sublime si es verdadera.

Hemingway expresa poéticamente la experiencia de un sencillo contacto corporal:

> Sentía en su mano la mano firme y fuerte de la muchacha y sus dedos entrelazados (…). De aquellos dedos y de aquella muñeca emanaba algo tan fresco como el soplo que llega del mar por la mañana, ese soplo que apenas riza la superficie de plata; y algo tan ligero como la pluma que roza los labios o la hoja que cae al suelo en el aire inmóvil. Algo tan ligero que solo podía notarse con el roce de los dedos, pero tan fortificante, tan intenso y tan amoroso en la forma de apretar los dedos y en la proximidad estrecha de la palma y de la muñeca, como si una corriente ascendiera por su brazo y le llenase todo el cuerpo con el penoso vacío del deseo.
>
> (…) Toda su vida recordaría él la curva de su cuello, con la cabeza hundida entre las hierbas, y sus labios, que apenas se movían, y el temblor de sus pestañas, con los ojos cerrados al sol y al mundo. Y para ella todo fue rojo naranja, rojo dorado, con el sol que le daba en los ojos; y todo, la plenitud, la posesión, la entrega, se tiñó de ese color con una intensidad cegadora. Para él fue un sendero oscuro que no llevaba a ninguna parte(…), avanzando siempre más allá de lo soportable y ascendiendo hacia arriba, hacia lo alto, cada vez más alto, hacia la nada. Hasta que, de repente, la nada desapareció y el tiempo se quedó inmóvil, se encontraron los dos allí, suspendidos en el tiempo, y sintió que la tierra se movía y se alejaba bajo ellos[75].

Es estar allí como lo que soy y como quiero estar. La sexualidad es una de las maravillas de Dios.

---

[75] Ernest Hemingway, *Por quién doblan las campanas*.

Vamos a vivir las preguntas, acerquémonos con las manos atrás, busquemos su verdad personal y propia. Vivámosla con el enorme respeto de quien sabe que cualquier gesto de su cuerpo le compromete absolutamente. Vivámosla como nos dé la gana, no como el mundo nos enseña, ¡porque somos nosotros los que tenemos que enseñar al mundo!

Antes de terminar, propongo leer de nuevo la poesía con la que empezamos:

> Tocar tu mano y no sentir el hueso frío
> que desde dentro ahora la mueve,
> solo la piel caliente, el roce leve
> de una carne hecha espíritu, sin peso;
> morder luego tus labios, y en el beso
> quitarle al cráneo que hay detrás relieve,
> y a la nuca dureza, y que la breve
> vida parezca eterna en el proceso.
> Cerrarte en un paréntesis de brazos
> donde no cabe el mundo, ver que rota
> mi ser alrededor de tus caderas,
> romper con lo exterior todos los lazos,
> y entrar en una realidad ignota,
> que es solo un centro en donde no hay afueras.

18 SANTOS DE COPAS

Una idea previa. Se nos dice que a Adán y Eva, tras el pecado, «se les abrieron los ojos y se dieron cuenta de que estaban desnudos»[76]. Pero ¿no estaban desnudos antes? La desnudez de la que habla no es la simple cobertura de ropas, pues esa circunstancia no había cambiado.

Para entender este cambio puede servirnos la imagen que emplea Rupnik:

> Cuando se apaga la llama de una vela, los ojos pueden ver el pábilo. Lo mismo sucede con una bombilla. Si se apaga la luz, se ve el vidrio y los filamentos, que no podríamos ver si la bombilla estuviera encendida. En un momento se apaga la luz y el cuerpo aparece apagado, opaco, desnudo. La transparencia precedente, que hacía irradiar la luz y la gloria, ha desaparecido, se ha vuelto opaca, impenetrable, el hombre se percibe a sí mismo desnudo, es decir, vulnerable[77].

El cuerpo, tras el pecado, adquiere la gravedad de la que hablábamos en los capítulos anteriores.

Cuando somos bautizados, los padres o padrinos tienen una vela apagada en sus manos, se acercan al cirio pascual encendido —signo de Jesucristo vivo—, y encienden su vela. La luz de Cristo vuelve a prenderse en el alma del bautizado. Si conserva su unión con Cristo, esa luz crece, le ilumina y alumbra la oscuridad: «Vosotros sois la luz del mundo».

Recordemos la parábola de Jesús de aquel que invita a un banquete de bodas, y echa de la fiesta a uno de los invitados

---

[76] Génesis 3, 7.

[77] M. I. Rupnik, *El arte de la vida*, p. 124.

porque no lleva el traje adecuado[78]. Puede servirnos esta imagen para nuestro caso: el santo de copas es quien va vestido a las fiestas con la luminosidad de la vida de Cristo.

Nuestra propuesta

Nuestra propuesta no es negativa: no beber más de la cuenta, no hacer cosas malas, no introducirse en la espiral de droga-noche-sexo, no pasarse enrollándose, dejar de «ir a pillar», etc.

La propuesta tampoco es positiva pero limitada: bebe, pero no más de un cierto número de copas; baila, pero en el salón parroquial; sal por la noche, pero no hasta demasiado tarde; trata a las chicas, pero llega hasta lo que empezaría a ser pecado...

La propuesta es «sí»: ve a donde quieras, bebe lo que quieras, trata lo que quieras a los chicos o chicas que quieras...

! y que ahí vivas, des vida y transmitas vida;
y que ahí ames, des a cada uno lo que necesita
y contagies pasión por vivir;
y que ahí seas libre y disfrutes el que más,
permaneciendo libre de cualquier cadena;
y que ahí liberes a los esclavos de los mil hierros que les atan;
y que ahí brilles como los hijos de la luz;
y que sepas que lo que hagas con cualquiera, «a mí me lo hicisteis»,
y que Jesús está en la fiesta vestido de angustiosos disfraces...

Vivir, amar, espíritu libre, iluminar, advertir a Jesús vivo... ¡ese es el espíritu del santo de copas! El mundo necesita de esos cristianos. Los cristianos debemos llegar con y por nuestros amigos hasta las puertas del infierno; más allá no, porque en el infierno no es posible amar a Dios, como predicaba san Josemaría[79]. El templo

---

[78] Mateo 22, 11-14: «Entró el rey a ver a los comensales, y al notar que había allí uno que no tenía traje de boda, le dice: "Amigo, ¿cómo has entrado aquí sin traje de boda?" Él se quedó callado. Entonces el rey dijo a los sirvientes: "Atadle de pies y manos, y echadle a las tinieblas de fuera; allí será el llanto y el rechinar de dientes". Porque muchos son llamados, mas pocos escogidos».

[79] Dedicó su vida a promover la santidad en medio del mundo: que cualquier lugar donde es posible amar a Dios, es lugar de encuentro con Dios.

de los cristianos —el lugar donde encontramos y llevamos a Dios— es la calle; el templo de los cristianos son, también, los lugares de fiesta.

De charca en charca

Necesitamos divertirnos. Fiesta, diversión, alcohol, baile, música, amigos, noche… son realidades formidables. Tan formidables que cuando se dan todas juntas ejercen una atracción enorme sobre nosotros.

Es cierto que vamos ahí con sed, buscando pasarlo bien, alejarnos de lo cotidiano, olvidar nuestros problemas, reír, cantar y bailar, que es el estilo con el que nos gustaría vivir cada día a todas horas.

¡Sed! ¡Mucha sed! ¡Sed de algo más! ¡Sed de libertad! ¡Sed de alegría! ¡Sed por huir de mi raquítica vida! ¡Sed de salir de mis rayadas de yo conmigo mismo! ¡Sed de olvidar los resentimientos, odios y malos rollos con mi familia! ¡Sed de liberarme de mis fracasos! ¡Sed de una vida mejor! ¡Sed de los demás! ¡Sed de risas y carcajadas! ¡Sí, mucha sed!

Vuelvo a repetirlo: fiesta, diversión, alcohol, baile, música, amigos, noche… son realidades formidables. Pero ellas sacian lo que pueden saciar, no más.

La sed que pretendemos saciar en las fiestas y con el alcohol es la sed de infinito que nunca nos abandona. Si voy buscando saciar la sed de trascendencia y libertad en esas charcas, no me saciarán. «Pero aunque no sacien, por lo menos ha habido un paréntesis: he estado mucho mejor de lo que hubiese estado», puede decir alguno. «Es cierto, gracias a la química he conseguido muchos de los objetivos: he abandonado este mundo por un rato, me he trascendido, me he ido». Sin embargo, ese viaje no ha sido a un mundo mejor, no me he ido a ningún sitio, ha sido solo una huida.

Ese trago gracias al cual paso al menos unas horas sin sed —sin notar la sed—, está al alcance de mi mano y es fácil y divertido. Es cuestión de dinero, solo de dinero. Se puede comprar la felicidad —mejor, un estado de felicidad, o mejor aún, un estado de ausencia de infelicidad—. Quien así piensa va de charca en charca, con el alcohol, la droga o lo que sea, tratando de pasarlo muy bien. El proceso es previsible: las fiestas, noches y salidas se convierten en el centro de nuestra vida y cada vez se alargan más, pues procuramos que tengan mayor frecuencia y no sean solo una vez a la semana. No se concibe celebrar algo sin copas y sin desfase. Y así vamos de charca en charca, huyendo y envenenándonos.

Hemos empezado considerando la grandeza de la persona que no se conformaba con la pequeñez, el fracaso y la soledad. Pero en vez de saciarse en la fuente de agua, se fue a las charcas porque era más fácil y así no tenía ni que levantarse.

Como fuentes en la charca

Esta espiral es poderosa. Es fácil ser víctima. Es más, en nuestra sociedad occidental quizá sea el camino recorrido mayoritariamente. No hay que olvidar que es un negocio, pues la adicción es poderosa y el público objetivo numeroso. Todo está ahí, apetecible y al alcance de la mano, con ofertas y motivos que se renuevan con un marketing estudiado con detalle.

Salir de esta espiral no es fácil. Y salir no es dejar de ir, sino ir sin buscar saciar la sed que tengo de Dios en esas charcas. Pretender ser feliz a base de fiestas es como pretender ser libre por comprarme el coche del anuncio, o ver la vida de manera distinta por comprarme las gafas de una marca concreta.

! Quien más disfruta en una fiesta no es el hambriento de fiesta,
sino el que está allí con libertad.
En toda fiesta hay libres y esclavos.
El esclavo de fiesta y alcohol no puede disfrutar,
pues necesita recuperar la alteridad:
las copas ahí y yo aquí, que haré lo que quiera.
En toda fiesta hay vivos y muertos.
Los muertos consumen, los vivos disfrutan.
Los muertos mueren un poquito más,
los vivos viven un poquito más.

Los muertos caen más en el hoyo,
los vivos manifiestan a Cristo vivo y liberador.

El único capaz de saciar la sed de nuestra alma es Cristo. El único. Si advertimos que estamos enganchados al alcohol, que lo reconozcamos y le pidamos que nos sane.

> Jesús le dijo: «Todo el que beba de esta agua volverá a tener sed, pero el que beba del agua que yo le daré, no tendrá sed jamás, sino que el agua que yo le daré se convertirá en él en una fuente de agua que brota para la vida eterna». La mujer le dijo: «Señor, dame esa agua, para que no tenga sed ni venga hasta aquí a sacarla»[80].

No sobra ni una palabra: «El agua que yo le daré se convertirá en él en una fuente de agua que brota para la vida eterna». El santo de copas es quien acepta esta promesa de Cristo, la promesa de convertirse él en fuente de agua. Esta sería la imagen de nuestras fiestas:

! Una gran charca,
miles de sedientos,
y dentro algunas fuentes
que sacian la sed real
de todos esos sedientos.

Sugerencia de un decálogo

Quizá puedan ayudar estas sugerencias:

1. **Beber disfrutando de cada copa**. «Ya bebáis, ya comáis, hacedlo todo para la gloria de Dios», aconseja san Pablo. Degustar cada trago. Beber con clase: no da igual un vaso de plástico que uno de cristal, una sólida pieza de hielo que granizo deshelado, un buen whisky que un líquido que serviría de matarratas.

2. **No beber una gota más de las que me permiten amar** y estar pensando en los demás. No se trata de medir, de

[80] Juan 4, 13-15.

saber si el «puntillo» es pecado o no. Lo que nos impide amar no nos interesa.

3. **Dedicar el mismo tiempo y dinero a los demás** —sobre todo a los desfavorecidos y personas que sufren—, que a las fiestas. Estaría enfermo un corazón que todas las semanas dedicase horas a sus fiestas y casi ninguna a los necesitados. Con el tiempo acabaríamos egocéntricos e insustanciales.

4. **Voy a las fiestas en las que Dios, en los demás, me necesita**, independientemente de que me apetezca o no. Si Dios me quiere ahí, ahí estaré. Si me necesita en otro lugar en ese momento —acompañando a un familiar o a un amigo que está solo, estudiando o en cualquier otra necesidad—, estaré en ese otro lugar. Si notamos que todo tiene que ceder ante la fiesta, quizá la estemos idolatrando; necesitaríamos madurar y ser capaces de crear planes alternativos. Hay personas que sin fiestas y salidas no podrían vivir; esas personas son dependientes, y disfrutarían mucho más de cualquier fiesta si no la necesitasen.

5. **Si no puedo ganar la batalla, no acudo**. Si determinado ambiente me puede y no puedo estar bien ahí, es mejor fortalecerme antes y no presentarme en el campo de batalla.

6. **Los lugares donde se ofende la dignidad de algunas personas usándolas de cualquier manera nos repugnan**. Si se hace uso de enanos para animar la fiesta, o de chicas a las que se les paga para que comercialicen su cuerpo de alguna manera, no podemos estar a gusto. Esas personas son hermanas nuestras, y si no nos afecta, hemos perdido la sensibilidad mínima como seres humanos, y más como cristianos. Será momento de cuidarnos hasta recuperar la sensibilidad humana que nos produzca rechazo ante todo lo que es feo.

7. **A la fiesta voy con una misión**, con la misión de mi vida: transmitir Vida. Es bueno ponerse en las manos de Dios al

ir, pidiéndole que se sirva de nosotros durante ese tiempo para dar a cada uno a través de nosotros lo que Él le quiera dar: que se sirva de nuestra simpatía, de nuestro cuerpo, de nuestros ojos, de nuestros oídos… para dar su alegría, su cariño, su mirada, su escucha.

8. **Ser crítico**. Estar atentos a no dejarnos formatear por el mundo. El cristiano *está* en ese lugar, pero no *es* de ese lugar, como *está* en el mundo pero no *es* del mundo.

9. **Ir a servir.** Jesús aconsejaba no ocupar el primer lugar, sino el último. Al igual que María se dio cuenta en la boda de que se había acabado el vino, debemos nosotros estar atentos a lo que pueda hacer falta y servir: servir la bebida, recoger, estar pendientes de quién está solo y quién necesita algo…

10. **No ver gente, sino mirar personas**. Cuando me dé cuenta de que hay personas que buscan saciar su sed de felicidad en charcas con comportamientos que no les saciarán, ver en ellos a sedientos de agua pura.

Quien interprete este decálogo como una limitación a su diversión es que no está preparado. Sus actitudes y su modo de pensar son todavía «según la carne», como dice la Escritura. No olvidemos que «el hombre natural no comprende las cosas del Espíritu de Dios»[81]. Necesita purificarse todavía algo más.

Porque la experiencia lo dice: el santo de copas será quien mejor lo pase. Sin duda.

---

[81] 1 Corintios 2, 14.

Los grupos *Hakuna* son universitarios y profesionales jóvenes que quieren compartir la fe, desde distintas ciudades e iglesias. Han formado también un grupo musical, *Hakuna Music Group*, cuyas canciones podrás escuchar a través de los códigos QR incluidos en estas páginas.

Para más información, descárgate la app gratuita *Hakuna* desde Google Play o la App Store.

Google Play *App Store*

LETRAS PRIMER DISCO HAKUNA MUSIC GROUP

Escuchar primer disco

AL ESTAR EN LA PRESENCIA

Letra y música: Marcos Witt.

Al estar en la presencia de tu divinidad
y al contemplar la hermosura de tu santidad,
mi espíritu se alegra en tu majestad.
Te adoro a Ti, te adoro a Ti.

Cuando veo la grandeza de tu dulce amor
y compruebo la pureza de tu corazón,
mi espíritu se alegra en tu majestad.
Te adoro a Ti, te adoro a Ti.

**Y al estar aquí, delante de Ti, te adoraré.
Postrado ante Ti, mi corazón te adora, oh Dios.
Y siempre quiero estar para adorar
y contemplar tu santidad.
Te adoro a Ti, Señor, te adoro a Ti.**

**Y al estar aquí, delante de Ti, te adoraré.
Postrado ante Ti, mi corazón te adora, oh Dios.
Y siempre quiero estar para adorar
y contemplar tu santidad.
Te adoro a Ti, Señor, te adoro a Ti.**

ENCIÉNDEME

Letra y música: Almu Portal.

Hoy quiero, Señor, ponerlo todo en tu presencia.
Darme hasta gastarme contigo y por Ti.
Hoy quiero, Señor, ponerlo todo ante tu puerta
para en todo amarte y servir.

**Enciéndeme y déjame arder donde haga falta.
Enciéndeme y déjame ser tu luz.
Y así poder llevarte hasta todas las almas,
saciar la sed que tienes Tú desde la cruz.**

Hoy quisiera, Madre, poner todo en tu presencia.
Darme hasta gastarme, decirle que sí.

Hoy te pido, Madre, que dejes mi puerta abierta,
para en todo amarle y servir.

Enciéndeme y déjame arder donde haga falta.
Enciéndeme y déjame ser tu luz.
Y así poder llevarte hasta todas las almas,
saciar la sed que tienes Tú desde la cruz.

TOMAD, COMED
Letra y música: Luis Poveda.

Quiero alcanzar el cielo con tus pasos,
quiero abrazar la vida con tus manos,
decir al mundo con tu voz hasta morir
que todo un cielo es solo para mí.

Quiero estrenar mis ojos en tus brazos,
quiero besar el suelo con tus labios,
borrar la noche y dar a la herida cicatriz.
Quiero empezar de nuevo solo en Ti.

Tomad, comed, me entrego por amor hasta el final.
Tomad, bebed, el cielo entero sabe a vino y pan.
Tomad, comed, me entrego por amor hasta el final.
Tomad, bebed, el cielo entero sabe a vino y pan.

Quiero pisar tu huella en cada espacio,
quiero buscar, mirarte en todos lados,
perder la vida hoy y ganarla toda en Ti.
Quiero empezar y terminar por Ti.

Tomad, comed, me entrego por amor hasta el final.
Tomad, bebed, el cielo entero sabe a vino y pan.
Tomad, comed, me entrego por amor hasta el final.
Tomad, bebed, el cielo entero sabe a vino y pan.

DESEO
Letra: José Pedro Manglano. Música: Nacho Martín de la Torre.

Deseo ser la luz que ilumine;
deseo ser la sal que dé sabor;
deseo ser el trigo que no muere;
deseo ser el manantial de tu calor.

Deseo ser un niño manso y humilde de corazón, ser siempre el último
y no el primero, ser escándalo para el mundo.

Cargar sobre mis hombros la oveja perdida, ir mar adentro
y echar las redes en tu nombre, y que no se pierda nadie.

Deseo la fiesta del pecador que se convierte, ser pescador de hombres,
prender fuego y que arda el mundo, dar de comer a multitudes,
deseo ir al mundo entero y anunciar el Evangelio.

Deseo ser el compás de tus latidos,
cantar, volar, asaltar el cielo,
hasta desear como deseas Tú.

Deseo no tener donde reclinar la cabeza;
deseo no ser servido sino servir;
deseo tomar mi cruz de cada día;
dejar hermanos, casas y tierras por Ti.

Deseo amar al enemigo, respetarle hasta perder mi vida y así reencontrarla, a tu lado en lo más alto.

Deseo ver tu rostro, Señor, no servir a nadie más que a Ti;
alcanzar la vida eterna, entrando por la estrecha puerta.

Deseo ser uno como el Padre y Tú sois uno con todos los hombres, estar borracho de su Espíritu, y ser tan bueno como el Padre; alegrarme, pues mi nombre está en el libro de los cielos.

Deseo ser el compás de tus latidos,
cantar, volar, asaltar el cielo,
hasta desear como deseas Tú.

BIEN AMADO SEÑOR

Letra: Texto de Madre Teresa de Calcuta. Música: Miguel Oehlingh.

Bien amado Señor, gran sanador, me arrodillo ante Ti,
pues todo don de perfección debe proceder de Ti.

Dame unidad de objetivos, fuerza para aliviar una parte
del sufrimiento que soportan mis semejantes, sí.

Una realización verdadera, el privilegio que me corresponde, eh, eh, eh.

Yo te rezo para que otorgues destreza a mis manos y visión clara
a mi mente y corazón, generosidad y humildad.

Bien amado Señor, gran sanador, me arrodillo ante Ti,
pues todo don de perfección debe proceder de Ti.

Dame unidad de objetivos, fuerza para aliviar una parte
del sufrimiento que soportan mis semejantes, sí.

Borra de mi corazón el engaño y el espíritu mundano, oh, oh, oh.

Haz que con la fe de un niño pueda confiar y confiar.
Haz que con la fe de un niño pueda confiar en Ti.
Bien amado Señor… (mmmm) pueda confiar y confiar en Ti.

QUÉ BIEN SE ESTÁ CUANDO SE ESTÁ BIEN

Letra: José Pedro Manglano. Música: Álvaro Martínez.

Qué bien se está cuando se está bien,
Tú me lo has enseñado
y tengo prisa en amarte.
Qué bien se está contigo.

Amando, adorándote, Señor,
riendo, sirviendo con amor, consolado en mi interior.

Arrodillado ante Ti, ante el hermano,
ante Cristo disfrazado del que sufre en soledad.

Arrodillado ante los pobres de las Calcutas de mi ciudad,
ante los pobres que visten a la moda, pobres de falsedad.
Arrodillado ante universitarios sedientos de amor.

Qué bien se está cuando se está bien,
Tú me lo has enseñado
y tengo prisa en amarte.
Qué bien se está contigo.

Quiero que me gustes más, Señor,
que me atraigas Tú, que me seduzcas, que me enamores Tú,
que resultes irresistible,
que seas mi único tesoro,
Tú, el más bello de los hombres.

Arrodillado ante los pobres de las Calcutas de mi ciudad,
ante los pobres que visten a la moda, pobres de falsedad.
Arrodillado ante universitarios sedientos de amor.

Qué bien se está cuando se está bien,
Tú me lo has enseñado
y tengo prisa en amarte.
Qué bien se está contigo.

No olvidaré tus cinco palabras: a mí me lo hicisteis.
Gracias porque puedo confiar en Ti, Señor, mi Dios.

Qué bien se está cuando se está bien,
Tú me lo has enseñado
y tengo prisa en amarte.
Qué bien se está contigo.

LIBERTAD

Letra: José Pedro Manglano. Música: Álvaro Martínez.

Quiero vivir la vida, que sepa gozar de todo,
que no me venda a la falsa diversión.

Que busque la felicidad en mi interior, que busque la felicidad.

Quiero apostar por grandes ideales,
que sepa que mi vida vale mucho más, mucho más.
Que no me venda a la mediocridad,
que busque servir y amar, servir y amar.
Quiero acertar en mis elecciones, que sepa distinguir el bien y el mal.

Que no me venda a ser como los demás,
que busque lo que vale la pena,
lo que vale la pena.

Quiero ser libre, que sepa esclavizarme por amor.
Que no me venda al capricho ni a la pasión.
Que busque la libertad interior
en Ti, en Ti.

Quiero apostar por grandes ideales,
que sepa que mi vida vale mucho más, mucho más.
Que no me venda a la mediocridad,
que busque servir y amar, servir y amar.

TAN CERCA

Letra y música: Almu Portal.

Ya ves que he querido estar tan cerca,
tan cerca que he dejado mi presencia en ti.
Yo siempre estaré junto a la puerta, esperando que tú me quieras abrir.

Aun cuando no estés escuchando,
aun cuando dudes de que pueda ser Yo.
Que sepas que estaré esperando a tu señal.

Vengo en lo escondido y tan callado,
tan solo quiero descansar un rato en ti.
Llego en el silencio y, sin embargo,
con un amor que necesito compartir.
Aun cuando no quieras mirarme,
aun cuando te avergüence tu corazón,
mi deseo es de perdonarte, y de olvidar.

Haz silencio y hablaré tan fuerte.
Haz silencio y déjame que entre.
Yo solo sé buscar en lo escondido.
Yo quisiera que algún día entendieras que me sé de memoria
todo lo que hay en ti.
Aunque tú no quieras tu miseria,
te quiero como eres, yo te quiero así.

Aun cuando estés herido y solo,
aun cuando te rechacen, en el dolor, sabes que lo comparto todo;
Yo lo sufro contigo, es cosa de dos.

Haz silencio y hablaré tan fuerte.
Haz silencio y déjame que entre.
Yo solo sé buscar en lo escondido.

Ya ves que he querido estar tan cerca,
tan cerca que he dejado mi presencia en ti.

Haz silencio y hablaré tan fuerte.
Haz silencio y déjame que entre.
Yo solo sé buscar en lo escondido.
Yo solo sé saciar mi sed contigo.

Ya ves que he querido estar tan cerca,
tan cerca que he dejado mi presencia en ti.

HOY TE DEJO QUE SEAS YO

Letra: José Pedro Manglano. Música: Belén Llana, Álvaro Martínez y Miguel Morato.

¿Cómo actuarías hoy, Señor, si tuvieses mis ojos y mis manos,
si tuvieses mi energía y mi tiempo, mi familia, amigos y trabajo?

Pues hoy te dejo que seas yo, que seas Tú quien viva en mí,
quien viva en mí.
Por eso, Padre, transfórmame todo en Cristo,
para que sea el Hijo entre los hombres.

Quiero ser Tú, el Hijo, que pasa hoy por el mundo,
transmitiendo tu mirada y tu consuelo.

Llevando tu paz, tu ayuda y tu palabra al mundo entero,
realizando tu servicio, tu entrega y tu amor.

Pues hoy te dejo que seas yo, que seas Tú quien viva en mí,
quien viva en mí.
Por eso, Padre, transfórmame todo en Cristo,
para que sea el Hijo entre los hombres.

PASIÓN DE DIOS

Letra: José Pedro Manglano. Música: Álvaro Martínez.

¿Por qué tengo miedo de mí mismo?
¿Por qué no disfruto hoy de cada minuto?
¿Por qué querría ser de un modo distinto?
¿Por qué vivo siempre lo que haré?
Tanta cosa para motivarme, basta ya de maltratarme.
Dime, Padre, por qué no me quiero.
Solo tu aprecio mata mi desprecio.

Hazme oír lo que te gusto, que vea que me miras con pasión.
Que a nadie quieres tanto como a mí, soy Pasión de Dios.

Me dicen que huya de mi debilidad,
Tú me dices que permanezca en ella.
Me valoran por éxitos y perfección,
Tú disfrutas conmigo tal y como soy.
Débil, enfermo y en pecado, impuro, impotente y quebradizo.
Solo así descubro cómo me amas,
solo así descubro cómo me quieres.

Hazme oír lo que te gusto, que vea que me miras con pasión.
Que te recreas en mi belleza,
que soy la niña de tus ojos,
que a nadie quieres tanto como a mí. Eres mi Padre, y ¡enloqueces!
Que a nadie quieres tanto como a mí, soy Pasión de Dios.

Con la furia del mar y la solidez de la roca,
con el ímpetu de la tormenta, la fuerza del vendaval.

Con esa misma contundencia
Tú me dices: «Tú eres mío, Tú eres mío».

Hazme oír lo que te gusto, que vea que me miras con pasión.
Que te recreas en mi belleza,
que soy la niña de tus ojos,
que a nadie quieres tanto como a mí. Eres mi Padre, y ¡enloqueces!
Que a nadie quieres tanto como a mí, soy Pasión de Dios.

UN DIOS DÉBIL

Letra: José Pedro Manglano. Música: Borja Martínez y Jaime Echánove.

Esto sí que lo entiendo, y cómo
me gusta ver un Dios débil, niño desnudo en tus brazos.
Y rehén aplastado por la cruz y
en agonía, pero siempre necesitado de ti, María.

Cómo cambia el espíritu de un niño
una noche de miedo cuando se arropa
bajo las sábanas de su madre.

¿Estás ahí? Te necesito.
No te vayas, no te vayas.

Tu calor, tacto, vista, tu cercanía,
no cambian nada, lo cambias todo (bis).

Esto sí que lo entiendo, y cómo me gusta ver un Dios débil, naturalmente débil.
Un Dios necesitado de compañía, de una Madre,
de mirada y cercanía.

Cómo cambia el dolor del enfermo cuando entrelaza sus dedos
con los de otra mano conocida.

¿Estás ahí? Te necesito.
No te vayas, no te vayas.

Tu calor, tacto, vista, tu cercanía,
no cambian nada, lo cambias todo (bis).

En un momento difícil, todos
piden, llaman, gritan: queremos recibir tu consuelo.
Sabernos acompañados por una Madre inseparable.
Ojalá tus hijos te sientan a su lado.

Tu calor, tacto, vista, tu cercanía,
no cambian nada, lo cambias todo.

BENDITA SEA TU PUREZA

Texto: Oración «Bendita sea tu pureza». Música: Miguel Oehlingh.

Bendita sea tu pureza,
y eternamente lo sea,
pues todo un Dios se recrea,
en tan graciosa belleza.

A Ti celestial princesa,
Virgen Sagrada María,
te ofrezco en este día, alma,
vida y corazón.

Mírame con compasión,
no me dejes, Madre mía.

Bendita sea tu pureza.
Bendita sea tu pureza.
No me dejes *(oh, no, no)*.
No me dejes *(oh, no, no)*,
Madre mía.

Bendita sea tu pureza,
y eternamente lo sea,
pues todo un Dios se recrea,
en tan graciosa belleza.

A Ti celestial princesa,
Virgen Sagrada María,
te ofrezco en este día, alma,
vida y corazón.

Mírame con compasión,
no me dejes, Madre mía.

Bendita sea tu pureza.
Bendita sea tu pureza.
No me dejes *(oh, no, no)*.
No me dejes *(oh, no, no)*,
Madre mía.

LETRAS SEGUNDO DISCO HAKUNA MUSIC GROUP

Escuchar segundo disco

QUIERO CENAR CONTIGO

Letra: José Pedro Manglano.
Música: Nacho Martín de la Torre.

(DIOS)
Te conozco.
Estoy a tu puerta y llamo.
Si me oyes, me abres, entraré.
¡Quiero cenar contigo!

(ALMA)
Preocupada por lo que piensan, presionada;
por el éxito enajenada.
¿Por qué vivir con miedos,
si de mí nada quieres, sino a mí?

Vayas donde vayas, siéntete enviado.
Vengas de donde vengas, siéntete esperado.
Que cuando escuches, quieras recibir,
y cuando mires, lo hagas a través de mí.
Que lo des todo
y dejes abolida cualquier posesión propia.

(ALMA)
Lo mío, Señor,
es lo pequeño, lo insignificante.
Saca tú de mi nada lo gigante.

(DIOS)
Te conozco.
Estoy a tu puerta y llamo.
Si me oyes, y me abres, entraré.
¡Quiero cenar contigo!

Vayas donde vayas, siéntete enviado.
Vengas de donde vengas, siéntete esperado.
Que cuando escuches, quieras recibir,
y cuando mires, lo hagas a través de mí.
Que te des en todo
y dejes abolida cualquier posesión propia.

QUE NO SE PIERDA NINGUNO

Letra: José Pedro Manglano.
Música: Miguel Oehlingh.

Llamaré, entraré, miraré, escucharé, sonreiré,
amaré, preguntaré, acariciaré, comprenderé, abrazaré.
Verbos de la misericordia, verbos que harán nuevo nuestro mundo.

¡Que no se pierda ninguno!
¡Que no se pierda ninguno!

Te conoceré en su voz, te escucharé en su dolor, te consolaré,
te alimentaré y acompañaré, y en tu nombre preguntaré:
¿qué quieres que haga por ti?
Pregunta de la misericordia, pregunta que hará nuevo nuestro mundo.

¡Que no se pierda ninguno!
¡Que no se pierda ninguno!

Hu, hu, hu.
Hu, hu, hu.

¡Que no se pierda ninguno!
¡Que no se pierda ninguno!

TU MISERICORDIA

Letra: José Pedro Manglano.
Música: Miguel Oehlingh.

El día al día le pasa su mensaje,
la noche a la noche se lo susurra.
Tu misericordia, Señor, llena la tierra;
úsame para llevarla a cada rincón.

Llevaré tu misericordia a la universidad,
entraré en el corazón de cada amigo,
y con la fuerza de tu Espíritu diré:

La misericordia ha entrado en esta casa (bis).
Levántate y anda.

Llevaré tu misericordia a la universidad,
entraré en el corazón de cada amigo,
y con la fuerza de tu Espíritu diré:

La misericordia ha entrado en esta casa (bis).
Levántate y anda.

Hazme bendición para cualquiera.
No me importa sangrar, solo quiero
que tu amor sin límites,
que tu sed, nos sane.
Úsame para traer hoy tu ternura.

Que mis ojos vean todo belleza,
descubriendo el rostro de cada uno.
Que mis oídos escuchen los gritos mudos del prójimo.
Que mi boca, manos y pies transmitan tu ternura.

Y que mi corazón sienta en carne viva.

La misericordia ha entrado en esta casa (bis).
Levántate y anda.

BUSCARÉ TU ROSTRO

Letra: Luis Poveda.
Música: Luis Poveda.

Tú conoces cada uno de mis gestos,
las palabras que quisiera pronunciar.
Y me estrechas en tus brazos si tropiezo
y me pierdo en medio de la oscuridad.

No te olvidas de ninguno de mis sueños
y a tu lado se hacen todos realidad.

Buscaré tu rostro, Señor.
Todos los deseos se hacen uno entre los dos.
Buscaré tu rostro, Señor.
No hay amor más grande que el amor.

Tú le das una respuesta a mis preguntas
y me llenas el camino de tu paz.
No hay barrera que no salve con tu ayuda,
no hay un Cielo que no pueda conquistar.

¡Qué poco es una vida para darla!
¡Qué corta es junto a Ti la eternidad!

Buscaré tu rostro, Señor.
Todos los deseos se hacen uno entre los dos.
Buscaré tu rostro, Señor.
No hay amor más grande que el amor.

MI POBRE LOCO

Letra: José Pedro Manglano.
Música: Bego San Félix.

Lo que necesita la vida para ser muy bella
es un loco que te quiera y que no te deje ir.
Me maravilla que me hayas elegido,
como un borracho enamorado, tras de mí.

Me daño al pensar que no puedo ser tu favorita.
No me quieres maquillada, o intentando ser la más bonita;
y me pregunto cuál será mi propia belleza.

Ábreme la puerta desde dentro, cuélame en tus entrañas.
Buenazo, entregado y humillado me seduces,
y yo te canto a Ti, mi pobre loco.

Me has hablado rozando el latido de mi corazón,
escondido en silencio, mucho tiempo.
Necesito la fuerza que me das para sonreír y amar
como lo haces Tú, como lo haces Tú.

Me daño al pensar que no puedo ser tu favorita.
No me quieres maquillada, o intentando ser la más bonita;
y me pregunto cuál será mi propia belleza.

Ábreme la puerta desde dentro, cuélame en tus entrañas.
Buenazo, entregado y humillado me seduces (bis).

(Ooooh) Enséñame a bailar contigo.
(Ooooh) Apriétame sin miedo en tu abrazo.
(Ooooh) Cada guiño tuyo hace que sonreír sea mi ilusión.

Ábreme la puerta desde dentro, cuélame en tus entrañas.
Buenazo, entregado y humillado me seduces (bis)
y yo te canto a Ti, mi pobre loco.

¡REVOLUCIÓN! (HIMNO HAKUNA)

Letra: José Pedro Manglano.
Música: Álvaro Echánove, Borja Martínez y Jaime Echánove.

Reaviva tu sueño. Jóvenes a fuego tatuados,
rebeldes con causa siempre en pie de guerra,
enemigos del sillón.

Siempre seremos seguidores
que apostaron por Ti.

Tu promesa cumplida me golpea con fuego
y aumenta mis latidos.
Una fila de locos que siguen a Cristo,
el pobre loco borracho de amor.

¡Grita revolución!
Ábrete a tu verdad.
Ábrete hasta hacerte pan.
Ábrete y cree en lo imposible.

¡Grita revolución!
Ábrete a nacer de nuevo.
Ábrete hasta ser quien eres.
Ábrete al huracán del Espíritu y serás
un hombre nuevo en este lugar,
que hoy reclama santos de copas,
con ganas de vivir, de luchar, de amar.

No hay problemas para la revolución:
somos hijos de Dios.
Libertad por bandera; Cristo es el liberador
y su conquista, el corazón.

Siempre seremos seguidores
que apostaron por Ti.

Tu promesa cumplida me golpea con fuego
y aumenta mis latidos.
Una fila de locos que siguen a Cristo,
el pobre loco borracho de amor.

¡Grita revolución!
Ábrete a tu verdad
Ábrete hasta hacerte pan.
Ábrete y cree en lo imposible.

¡Grita revolución!
Ábrete a nacer de nuevo.
Ábrete hasta ser quien eres.
Ábrete al huracán del Espíritu y serás
un hombre nuevo en este lugar,
que hoy reclama santos de copas,
con ganas de vivir, de luchar, de amar, de amar.

¡Grita Hakuna! Oooooh (x4).

DE LOS CUATRO VIENTOS

Letra: Pablo Pons, Santiago Urgel, Jaime Echánove y José Pedro Manglano.
Música: Pablo Pons, Santiago Urgel y Jaime Echánove.

De los cuatro vientos, ven.
Sopla tu aliento sobre estos muertos
hasta que vivan.

Vengo ante Ti, con la sencillez de un niño
que no improvisa, que no planea; solo confía.
Vengo ante Ti, a vivir de lo que has dicho,
a reclamar lo que Tú me has prometido.

Ven, ven, que Tú eres bienvenido.
Ven, ven, a este roto corazón.
Ven, ven, para que yo me sepa querido.
Ven, ven, quiero bailar contigo.

De los cuatro vientos, ven.
Sopla tu aliento sobre estos muertos
hasta que vivan.

Arranca la piedra que tengo por corazón
y dame uno que sangre.
Sobre mi alma, muerta seca y oscura
vuelca Tú tu cascada de agua pura.

Ven, ven, y así viviremos.
Ven, ven, que no soy nada sin Ti.
Ven, ven, y te reconoceremos;
y diré, diré, Tú eres nuestro Rey.

De los cuatro vientos, ven.
Sopla tu aliento sobre estos muertos
hasta que vivan.

Sé que estás aquí, que me oyes y que me ves
porque Tú eres fiel.
Gracias por venir a este lugar,
gracias por moverte en mí,
y porque para recibir, solo tengo que pedir.

DEVOCIONARIO

ORACIÓN DE LOS SOLTEROS

Señor, pongo ahora en tus manos
la persona de la que algún día me enamoraré,
con quien compartiré mi vida entera.
Te pido que le bendigas, le cuides y le ayudes.
Donde quiera que ande,
bendice su camino, conserva su ánimo, guía sus pasos,
fortalece su corazón y muéstrale tu misericordia.
No permitas que nada dañe su capacidad de amar.
Aunque muy probablemente no le conozco todavía,
lIénale de alegría y hazle generoso.
A mí, ayúdame a ser mejor para hacerme más digno
de estar a su lado;
que sepa esperar hasta el día en que le conozca,
que me prepare aprendiendo a amar a cada uno
como necesita ser amado.
Educa mi corazón para amar desinteresadamente.
Que viva ahora el misterio de la sexualidad como merece ser vivido.
Durante este tiempo de espera ayúdame a capacitarme
para amar al cien por cien.
Bendícenos y llénanos de amor.
Quiero vivir ya para él/ella pero, si no te importa,
que la conozca pronto.
Así sea.

ORACIÓN DE LOS NOVIOS

Me has llevado hasta la maravilla desde que en mi vida
entró el amor.
Pienso que te conozco algo mejor desde que conocí a N..
Gracias, y que en N. y con N. encuentre la paz y felicidad
que por mí mismo no podría alcanzar.
Queremos acertar durante nuestro noviazgo:
conocernos sin engaños,
relacionarnos sin tapujos,
darnos y aceptarnos como somos,
vernos como un regalo sin acostumbrarnos ningún día…
y tantas lecciones que necesitamos aprender.
Estamos construyendo las bases del mayor negocio de nuestra vida.
Que aceptemos las exigencias de este tiempo,

que aprendamos a esperar,
que nos acostumbremos a querer el bien del otro,
que dominemos los instintos para que luego
puedan ser vehículo del amor más limpio.
Que aprendamos a discutir, a respetar, a ceder y a no ceder,
que descubramos nuestro modo de perdonarnos
sin quedarnos resentidos;
que jamás se nos ocurra querer cambiar al otro
antes de comprenderle…
Y sobre todo, que crezca nuestra confianza:
que aprendamos a desnudar nuestra alma
uno delante del otro sin hacernos daño,
que siempre demos y recibamos ternura
—¡tu ternura!— uno del otro.
Venimos a aprender de Ti cómo hacernos alimento,
a pedirte por todos los novios del mundo,
y a decirte que aceptamos el reto de enseñar al mundo
a ser novios con estilo cristiano:
libertad, entereza, paz, unión, perdón, don, gratuidad,
limpieza, alegría, ilusión, sinceridad…
Por último, en los momentos en que no sepamos
si seguir adelante o dejarlo, danos luz.
Que si yo no he de ser mejor por él y él por mí,
si no somos uno para el otro, sepáranos;
permítenos llegar, cada uno por su camino,
a encontrarnos de nuevo contigo en el Cielo.
María, ¡cuídanos!

ORACIÓN DEL MATRIMONIO

¡Enseñas el amor en un trozo de pan!
Venimos a mirarte en silencio,
a apoyarnos en tu pecho como Juan en la Cena última,
a acompasar nuestros latidos con los tuyos,
hasta desear ardientemente dar la vida hasta el final.
Jesús, vivo en la Hostia,
venimos a aprender a amarnos mirándote.
Que también nosotros nos dejemos mirar sin miedos.
Que siempre estemos disponibles para el otro.
Que incondicionalmente encuentre ternura en mí.
Que yo entienda que vivo para ser su ayuda.
Que le cure con mi perdón
y busque mi curación en el suyo.

Que viva para alimentarle y saciar sus sedes.
Que me deje masticar por los dientes de sus imperfecciones.
Que le haga la vida alegre y tranquila.
Jesús, vivo en la Hostia,
que has venido a pegar fuego en la tierra,
¡que arda nuestro matrimonio!
Que tu amor le llegue por mi amor.
Que tu estilo sea nuestro estilo.
Que llenes de fecundidad nuestra entrega.
Que seamos imagen visible de tu amor invisible.
Que contagiemos vida, paz, alegría y unión.
Que tu infinitud le llegue en la ternura de mi carne.
Que la unión de nuestros cuerpos sea gozo del cuerpo y del alma.
Que el mundo te conozca al ver cómo nos queremos.
Venimos a pedirte por todos los matrimonios del mundo:
¡que lo que empezó su amor, sepan llevarlo hasta el final!
¡Que no se pierda ninguno!
¡Enseñas el amor en un trozo de pan!

ORACIÓN DE ERASMUS

Señor mío, gracias por esta experiencia en este país.
Hazme realmente consciente del verdadero privilegio
que es para mí,
y ayúdame a aprovecharla:
no lo merezco, tengo conciencia de que esta situación
me endeuda.
Ayúdame a preguntarme repetidas veces:
«¿Qué quieres de mí en este viaje?».
Que no sea un tiempo para mí, sino para los demás.
Que no busque pasarlo bien, sino que otros lo pasen bien.
Que no desperdicie ninguna de las posibilidades
que me ofrece para enriquecerme.
Que aproveche esta situación para aprender a ser libre.
Que no confunda estos meses con un año sabático:
aumenta mi hambre por prepararme lo mejor posible
para servir más tarde a la sociedad
e intervenir en el mundo para mejorarlo eficazmente.
Que cada día me acerque más y más a Ti
y así sea luz para cada persona que me encuentre.
Que pueda transmitirte, no con palabras,
sino con mi alegría y ejemplo.
Que conozca y quiera cada día más a los que me rodean:
sus ilusiones, preocupaciones, intereses.

Que sepa que lo mejor que puedo enseñar a una persona
es amar a las personas de verdad.
Que ame a cada persona nueva que conozca
y me entregue a ella.
Que me abandone en Ti, consciente de que nada puedo sin tu ayuda.
En definitiva, que sea Cristo en esta universidad,
y que vea a Cristo en cada persona que me encuentre.
Porque es olvidándose de uno mismo, cuando uno se encuentra.
Porque es «perdiendo» el Erasmus, cuando uno lo gana.
Amén.

ORACIÓN DESDE LA JUVENTUD

Quiero vivir la vida:
que sepa gozar de todo,
que no me venda a la falsa diversión,
que busque la felicidad en mi interior.
Quiero apostar por grandes ideales:
que sepa que mi vida vale mucho,
que no me venda a la mediocridad,
que busque servir y amar.
Quiero acertar en mis elecciones:
que sepa distinguir el bien y el mal,
que no me venda a ser como los demás,
que busque lo que vale la pena.
Quiero ser libre:
que sepa esclavizarme por amor,
que no me venda al capricho ni a la pasión,
que busque la libertad interior en Ti, Señor.

ORACIÓN DEL CONDUCTOR

Dame, Señor, mano firme y mirada vigilante,
para que a mi paso no cause daño a nadie.
Guarda hoy mi vida en todo instante.
A quienes me acompañan,
líbrales de todo mal, enfermedad o accidente.
Enséñame a hacer uso generoso de mi coche;
que no me arrastre la pasión de la velocidad,
y que, admirando la belleza de este mundo,
logre seguir y terminar mi viaje con toda felicidad.
Te lo pido, Señor, por nuestra Madre.
San Rafael, ruega por nosotros.
San Cristóbal, ruega por nosotros.
Amén.

ANTES DE COGER LA MOTO

Por la intercesión de la bienaventurada Virgen María,
que tengamos buen viaje,
libre de multas, percances y accidentes;
que el Señor esté en nuestro camino
y sus ángeles nos acompañen.
En el nombre del Padre, del Hijo y del Espíritu Santo.
Amén.

ORACIÓN PARA HACER FELIZ A DIOS

¡Te respeto y te admiro!
Toda una vida contigo:
así quiero vivir yo.
Buenos días, Padre mío,
vengo a pedirte perdón.
Perdón por tanto pedirte.
Perdón por poco escucharte.
Hoy vengo solo a mirarte:
quiero aliviar tu dolor.
Pues puestos a no pedirte,
no te pediría nada,
mas mi condición humana
se empeña en esta excepción:
¡hoy te pido que sonrías!
¿Qué te hace feliz a Ti?
Hoy te pido solo eso:
¡lo que a Ti te haga feliz!

OFRECIMIENTO DEL DÍA

Oh Señora mía, oh Madre mía,
yo me ofrezco del todo a ti
y en prueba de mi filial afecto
te consagro en este día:
mis ojos, mis oídos, mi lengua y mi corazón,
en una palabra todo mi ser,
ya que soy todo tuyo,
Oh Madre de bondad,
guárdame y defiéndeme
como cosa y posesión tuya.
Así sea.
Ven Espíritu Santo
inflama nuestros corazones

en las ansias redentoras del Corazón de Cristo
para que ofrezcamos de veras
nuestras personas y obras
en unión con Él
por la redención del mundo.
Señor mío y Dios mío Jesucristo,
por el Corazón Inmaculado de María
me consagro a tu Corazón
y me ofrezco contigo al Padre
en tu Santo Sacrificio del altar
con mi oración y mi trabajo,
sufrimientos y alegrías de hoy,
en reparación de mis pecados
y para que venga a nosotros tu Reino.
Te pido en especial:
por el Papa y sus intenciones;
por nuestro obispo y sus intenciones;
por nuestro párroco y sus intenciones.

ORACIÓN DE LA MAÑANA

Bendita sea la luz del día
y el Señor de los cielos que la envía.
Bendito su gran poder,
que nos trajo el amanecer.

ORACIÓN DE LA NOCHE

Padre, aquí al pie de la cama
mi alma se eleva hasta Ti para decirte:
creo en Ti, espero en Ti, te amo con todas mis fuerzas.
Gloria a ti, Señor. Deposito en tus manos la fatiga y la lucha,
las alegrías y desencantos de este día que quedó atrás.
Si los nervios me traicionaron,
si los impulsos egoístas me dominaron,
si di entrada al rencor o a la tristeza, ¡perdón Señor!
Ten piedad de mí
si he sido infiel.
Si pronuncié palabras vanas,
si me dejé llevar por la impaciencia,
si fui espina para alguien, ¡perdón Señor!
No quiero esta noche entregarme al sueño
sin sentir sobre mi alma la seguridad de tu dulce
y gratuita misericordia, Señor.

Te doy gracias, porque invisible, cariñoso, y envolvente
me has cuidado como una madre durante todo este día.
Señor, relaja mis nervios, sosiega mi espíritu,
suelta mis tensiones, inunda mi ser de silencio y serenidad.
Vela sobre mí, Padre querido, mientras me entrego confiado
al sueño, como un niño que duerme feliz en tus brazos.
En tu nombre, Señor, descansaré tranquilo.

ORACIÓN POR LA PAZ DE SAN FRANCISCO DE ASÍS

Señor, haz de mí un instrumento de tu paz:
donde haya odio, ponga yo amor;
donde haya ofensa, ponga yo perdón;
donde haya discordia, ponga yo unión;
donde haya error, ponga yo verdad;
donde haya duda, ponga yo fe;
donde haya desesperación, ponga yo esperanza;
donde haya tiniebla, ponga yo luz;
donde haya tristeza, ponga yo alegría.
Oh, Maestro, haz que yo no busque tanto
el ser consolado como consolar;
el ser comprendido, como comprender;
el ser amado, como amar.
Porque dando es como se recibe,
olvidando es como se encuentra,
perdonando es como se es perdonado y
muriendo es como se resucita a la vida eterna.
Amén.

ORACIÓN PARA CONOCER LA VOCACIÓN

Señor mío y Dios mío, Padre y Amigo,
enséñame a quererte, enséñame a amarte
lo máximo posible.
Hoy vengo a Ti a pedirte fe y fuerzas
para saber decirte que sí a todo lo que quieras.
Sabes que soy enteramente para Ti;
haz de mí un instrumento fiel.
Tengo miedos y dudas, y siempre las tendré;
que eso no me impida seguir el camino
que Tú quieres para mí.
Toma mis manos impuras;
toma mi pequeño corazón y mi sucia alma.
Haz con ellos lo que Tú desees.

¡Oh, Espíritu Santo!
Dame luz para que sepa discernir mi vocación;
paciencia para descubrir lo que tienes preparado para mí;
alegría y caridad para hacer felices a los demás;
constancia para cumplir en todo tu voluntad.
Toma, Señor, mi memoria, mi entendimiento,
mi libertad y mi voluntad.
Soy todo tuyo y te amo.

ORACIÓN DE DESPUÉS DEL SÍ

Ya te he dicho sí, Señor.
Te pedí consejo, fortaleza, ser valiente,
entender la situación, conocerla.
Señor, arranqué de mi corazón aquello en lo que me apoyaba
y a quien me daba la vida…
Y es que para vivir contigo hay que morir primero.
Y eso me ha pasado: ¡he muerto para resucitar en Ti!
El desgarro ha sido cruento;
la sangre brotaba, transparente de pureza,
por los ojos que hablan de tu verdad.
He subido la cuesta del calvario contigo
y me he desprendido del amor que aquí me ata,
no sin antes suplicarte mil veces mirando al cielo,
gritando sin consuelo:
«Aparta de mi este cáliz, pero hágase tu voluntad».
Aún me queda tener sed, pedir agua, y saborear vinagre;
aún me queda gritarte «¿Por qué me has abandonado?»;
aún queda un maravilloso camino, porque tu yugo es fácil
y ligera la carga.
Con la confianza de que así lo has querido,
te digo que yo a Ti me entrego, y me abandono en Ti.
«Deja tu patria, deja tu casa y ven tras de mí y sigue mis huellas,
que yo contigo estoy.
Toma tu alforja, toma el cayado y ven tras de mí».
Pues allí voy, Señor.
Gracias por la llamada,
perdón por la tardanza,
ayúdame a corresponderte.

ORACIÓN POR EL AMIGO INDESEADO

Señor mío Jesucristo,
dame la gracia para poder hablar directamente
al corazón de mi amigo.
Espíritu Santo, ilumina mi entendimiento y mis palabras
para que sean las adecuadas.
Cambia mi corazón por uno nuevo,
derrítelo con el fuego de tu amor
y haz lo mismo con el corazón de mi amigo.
Tú tienes poder para hacer eso.
Yo confío en Ti para cambiar los corazones
y limpiar las almas.
Solo soy un instrumento:
tu instrumento.
Si Tú quieres él cambiará;
si Tú quieres él se dará cuenta.
Solo te pido, Padre, que me dejes quererle como es,
porque si amamos solo a los que nos aman,
¿qué mérito tenemos?
Con la esperanza siempre de que cuando Tú quieras
cambiarás su corazón,
yo mientras tanto estaré atento, paciente, servicial.
No permitas que hable mal de él;
no permitas que me separe de él.
Que sea mi cruz para salvar muchas almas.
Ayúdame a quererle.
Solo Tú, oh amabilísimo Dios,
tienes el poder de cambiar los corazones.
Te pido que cambies el mío y el suyo.
Por Jesucristo nuestro señor.
Amén.

DEDICATORIA

Aunque sea inusual, pongo la dedicatoria en la última de las páginas. Me resulta más pudoroso robársela a los curiosos y solo compartirla con los interesados.

A mi madre

El 16 de mayo murió, hace hoy 365 días.
Ella me enseñó lo que aquí escribo, no con teorías sino con vida.
Santa de copas como la copa de un pino.

Divertida, original, unida a Cristo, sonriente.
Le encantaba fumar puros.
Invitaba todos los días a la enanita del barrio a tomar un café.
Gran jugadora de póquer, solo interesada por agradar a Dios,
enamorada de su marido, presumida hasta su muerte,
adicta a los sagrarios, buena cocinera,
con una casa de goma en la que todos cabían.
Empezaba el día con Dios y lo terminaba con Él.
Alegre, siempre con una tortilla de patata preparada
«por si alguien pasaba por allí». Con pasión por los zapatos,
cariñosa con cada hijo, aficionada a la moda,
llena de buen gusto, rodeada de cuarenta
y tantos nietos forofos de ella, viajera.
Jamás le oí una crítica a nadie, no sé si sabía gritar,
con su ramalazo hippy, amante de las cremas,
se sabía el cumpleaños de todos de memoria,
con locura por María…

No exagero ni me ha podido la pasión de hijo.
En el cielo os la presento y veréis que es verdad…
y que me he quedado corto.

He empleado muchas páginas en describir lo que con ella captabas en un segundo. No pretendo convencer a nadie, pero tengo la garantía de que lo que aquí he afirmado es verdad. En ella gocé de una santa de copas. ¡Buah!